Denise Magnan
C-515
Résidence St. Dominique,
95, blvd. Saint-Joseph Est,
Mtl. H2T-1H2
519-279-3571

D1102219

DMLA

LA DÉGÉNÉRESCENCE
MACULAIRE LIÉE À L'ÂGE

DMLA
LA DÉGÉNÉRESCENCE
MACULAIRE LIÉE À L'ÂGE

Docteurs Jean-Daniel Arbour, Francine Behar-Cohen, Pierre Labelle et Florian Sennlaub

Préface du Dr Alan F. Cruess

AP Annika Parance Éditeur

Catalogage avant publication de Bibliothèque et Archives nationales du Québec et Bibliothèque et Archives Canada

Vedette principale au titre :

DMLA, la dégénérescence maculaire liée à l'âge : comprendre la maladie et ses traitements

Comprend des réf. bibliogr.

ISBN 978-2-923830-00-1

1. Rétine - Dégénérescence - Ouvrages de vulgarisation. 2. Rétine - Dégénérescence - Traitement - Ouvrages de vulgarisation. I. Arbour, Jean-Daniel, 1964-   .

RE661.D3D54 2010   617.7'35   C2010-940486-6

Annika Parance Éditeur
4067, boulevard Saint-Laurent
Atelier 400
Montréal (Québec)
H2W 1Y7
514-658-7217

Journaliste : Frédérique David
Conception graphique du livre et de la couverture : Francis Desrosiers, en collaboration avec Scalpel Design.

Photographies et images reproduites avec l'autorisation de Novartis Pharma Canada Inc. et de l'Institut Nazareth & Louis-Braille.

Dépôt légal – Bibliothèque et Archives nationales du Québec, 2010
Dépôt légal – Bibliothèque et Archives Canada, 2010

La publication de cet ouvrage a été rendue possible grâce à la subvention éducative sans restriction de Novartis Pharma Canada Inc. et de la Fondation Antoine-Turmel.

Imprimé au Canada

TABLE
DES MATIÈRES

CHAPITRE 2
LES FORMES DE DMLA   37

CHAPITRE 3
LES FACTEURS DE RISQUE   53

CHAPITRE 4
LE DIAGNOSTIC   63

CHAPITRE 5

LA PRÉVENTION ET LES TRAITEMENTS   77

CHAPITRE 6
LA VIE AVEC LA DMLA 93

CHAPITRE 7
LES TRAITEMENTS À VENIR 109

LES AUTEURS

Dr Jean-Daniel Arbour

Le Dr Jean Daniel Arbour est directeur du département d'ophtalmologie de la faculté de médecine de l'Université de Montréal, où il est également professeur adjoint.

Après avoir fait un doctorat en médecine à l'Université de Montréal, un internat en chirurgie générale, puis des études spécialisées en ophtalmologie, il a suivi une formation clinique et chirurgicale en rétine à Harvard, aux États-Unis. Il y a aussi fait des recherches sur la dégénérescence maculaire ainsi qu'en thérapie photodynamique et antiangiogénique.

Il est actuellement chirurgien de la rétine et du vitré à l'Hôpital Notre-Dame du Centre hospitalier de l'Université de Montréal (CHUM), et fondateur de l'unité de recherche en ophtalmologie de ce même établissement. À ce titre, il a été chercheur principal dans plusieurs études internationales sur de nouveaux traitements de la dégénérescence maculaire et de la rétinopathie diabétique, ainsi que dans des études génétiques sur la DMLA exsudative. Auteur de plusieurs articles publiés dans diverses revues, il a donné, au cours des dernières années, plus de 70 conférences scientifiques au niveau national et international au sujet des maladies de la rétine.

Il a été président de l'Association des médecins ophtalmologistes du Québec de 2005 à 2009 et il est actuellement trésorier de la Société canadienne d'ophtalmologie.

Dr Francine Behar-Cohen

Le Dr Francine Behar-Cohen est professeur universitaire et praticienne hospitalière (PU-PH) en ophtalmologie depuis 2006 à l'Hôtel-Dieu de Paris. Elle exerce en tant que rétinologue et elle est en train de mettre sur pied une unité de recherche clinique. Elle est diplômée en médecine et docteur en biologie cellulaire de l'Université Paris-Descartes. Elle a fait son internat aux hôpitaux de Paris et son clinicat en chirurgie vitréo-rétinienne à l'Hôtel-Dieu de Paris.

En 2001, elle a été responsable d'une équipe Avenir de l'Institut national de la santé et de la recherche médicale (INSERM) avant de créer, en 2003, l'unité INSERM 598 dédiée à la physiopathologie des maladies oculaires et aux innovations thérapeutiques. En 2008, cette unité est devenue l'équipe du Centre de recherche des Cordeliers, à Paris.

Depuis plus de 10 ans, ses travaux de recherche portent sur les méthodes et les voies d'administration des médicaments dans l'œil, ainsi que sur la pharmacologie oculaire. Elle travaille également sur les inflammations intraoculaires et sur le rôle de l'inflammation dans les pathologies rétiniennes a priori non inflammatoire, dont la DMLA et la rétinopathie diabétique. Elle est l'auteur de plus de 110 publications et d'une dizaine de livres ou chapitres de livres.

Dr Pierre Labelle

Le Dr Pierre Labelle est ophtalmologiste à l'Hôpital Maisonneuve-Rosemont et professeur titulaire de clinique au département d'ophtalmologie de la faculté de médecine de l'Université de Montréal.

Après l'obtention de son doctorat en médecine et de son diplôme de spécialiste en ophtalmologie, le Dr Labelle s'est surspécialisé dans les maladies et la chirurgie de la rétine à l'Université Washington de St. Louis, aux États-Unis. Ses efforts pour prévenir les blessures oculaires dans les sports lui ont valu la première médaille décernée par la Société canadienne d'ophtalmologie ainsi que le prix Securitas de la Régie de la sécurité dans les sports du Québec pour son travail de sensibilisation auprès du public.

Il a occupé les fonctions de président de l'Association des médecins ophtalmologistes du Québec, de chef du département d'ophtalmologie de l'Hôpital Maisonneuve-Rosemont et de directeur du département d'ophtalmologie de la faculté de médecine de l'Université de Montréal. C'est sous sa direction que le Centre Michel-Mathieu, véritable institut d'ophtalmologie dont la renommée dépasse les frontières du Québec et du Canada, a vu le jour en 1999 à l'Hôpital Maisonneuve-Rosemont. Son intérêt pour la recherche clinique l'a amené à collaborer à divers projets de recherche portant, entre autres, sur la dégénérescence maculaire.

Dr Florian Sennlaub
Le Dr Florian Sennlaub dirige une équipe de recherche de l'Institut national de la santé et de la recherche médicale (INSERM) à Paris. D'origine allemande, il a étudié la médecine en Allemagne, en Écosse et en France. Il a obtenu un doctorat en médecine de l'université Humboldt de Berlin et un doctorat ès sciences de l'Université René-Descartes de Paris.

Il s'est ensuite consacré à temps plein à la recherche en ophtalmologie. Il a travaillé pendant trois ans au centre de recherche de l'Hôpital Sainte-Justine de Montréal avant de créer sa propre équipe pour explorer les mécanismes de dégénérescence et de néovascularisation oculaires au Centre de recherche des Cordeliers, au cœur de Paris.

Le Dr Sennlaub publie régulièrement dans des revues spécialisées dans la recherche biomédicale. Ses recherches sont soutenues par des agences françaises et européennes.

COLLABORATION SPÉCIALE POUR LE CHAPITRE 6 : «LA VIE AVEC LA DMLA»

Julie-Andrée Marinier

Julie-Andrée Marinier est optométriste, professeur adjoint à l'École d'optométrie de l'Université de Montréal et optométriste en basse vision à l'Institut Nazareth et Louis-Braille (INLB) de Montréal.

Elle est titulaire d'un doctorat en optométrie et d'une maîtrise en sciences de la vision de l'Université de Montréal. En 2003, son mémoire de maîtrise portait sur «l'investigation du débit sanguin choroïdien dans la dégénérescence maculaire liée à l'âge».

Elle a signé de nombreux articles dans des revues spécialisées et donné des conférences sur la DMLA.

PRÉFACE

La dégénérescence maculaire liée à l'âge (DMLA) est la principale cause de perte de la vision chez les plus de 65 ans[1,2]. Il s'agit d'une maladie neurodégénérative progressive de la rétine et de la choroïde qui se traduit par une perte de la vision centrale, ce qui entraîne une incapacité de lire et de conduire. Elle est donc associée à une très importante perte de qualité de vie et à un lourd fardeau de la maladie pour la société. On estime à 25 à 30 millions le nombre de personnes qui sont affectées par la DMLA dans le monde[3], mais on s'attend à ce que ce nombre double d'ici 2020.

La DMLA est mal connue dans le grand public, en partie du fait du manque d'options de traitement dont nous disposions pour la forme exsudative ou néovasculaire de la maladie avant l'apparition de la thérapie photodynamique et du traitement par les anti-VEGF (inhibiteurs du facteur de croissance de l'endothélium vasculaire). La DMLA se présente sous deux formes, la forme sèche ou atrophique, la plus courante, et la forme humide ou exsudative, plus rare, qui se caractérise par une perte de vision plus rapide et plus dévastatrice, associée à une néovascularisation choroïdienne.

En matière de traitement, les plus récents progrès ont porté sur les anti-VEGF, qui visent la forme humide de la maladie pour provoquer une évolution régressive de la néovascularisation choroïdienne sous-jacente, laquelle, sans traitement, laisse des cicatrices sur la rétine maculaire. Bien que l'on ne dispose pas de traitements actifs pour stopper ou inverser la progression de la forme sèche ou atrophique de la maladie, il est possible d'en ralentir la progression et même de l'enrayer en optant pour un mode de vie sain, en cessant de fumer et en adoptant une alimentation riche en antioxydants, en zinc et en acides gras oméga-3 comme en procure le poisson, par exemple.

Récemment, de grands progrès ont été accomplis dans la compréhension de la biologie de la dégénérescence maculaire et de la base génétique de la maladie, faisant la lumière sur le rôle que pourraient jouer des processus inflammatoires impliquant les protéines complémentaires ou d'autres protéines et la mort programmée des cellules, ou apoptose, dans la physiopathologie de la maladie, aussi bien dans la forme sèche que dans la forme humide. Ces nouvelles connaissances ont mené à leur tour à de nouvelles recherches sur des médicaments susceptibles de s'attaquer à la cascade d'événements qui entraînent la perte de vision associée à la DMLA. Tout cela se traduira dans un avenir proche par l'apparition de nouveaux traitements très prometteurs et de nouvelles options de prévention.

Ce livre des professeurs Jean Daniel Arbour, Francine Behar-Cohen, Pierre Labelle et Florian Sennlaub constitue une très importante et hautement significative contribution à l'amélioration de notre compréhension de cette cause majeure de déficience visuelle. Si le grand public est mieux informé, des questions plus pertinentes seront posées aux soignants, aux professionnels de la vue, aux ophtalmologistes et aux responsables des différents paliers de gouvernement qui décident des politiques à appliquer en matière de soins de la vue, cela dans le but d'améliorer la qualité des soins et leur accès en temps opportun.

L'application stratégique de fonds publics en vue d'améliorer le financement ainsi que l'accès à des traitements novateurs et à des services de réadaptation visuelle pour réduire le fardeau de cette cause majeure de perte de la vision doit être une grande priorité.

Alan F. Cruess, MD, FRCSC
Professeur et chef de département,
chef de district, Région sanitaire de la capitale
Département d'ophtalmologie et de sciences de la vision,
Université Dalhousie, Halifax (Nouvelle-Écosse)

Références
[1] Ambati J, Ambati BK, Yoo SH, Ianchulev S, Adamis AP. Age-related macular degeneration: etiology, pathogenesis and therapeutic strategies. *Surv Ophthmol,* 2003;48:257-93.
[2] Vingerling JR, Klaver CC, Hofman A, De Jong PT. Epidemiology of age-related maculopathy. *Epidemiol Rev,* 1995;17:347-59.
[3] Verma L, Das T, Binder S et coll. New approaches in the management of choroidal neovascular membrane in age-related macular degeneration. *Indian J Ophthalmol,* 2000;48:263-78.

LA DMLA
EN 25 QUESTIONS

(1) La DMLA est-elle une maladie fréquente?
Elle affecte 25 à 30 millions d'êtres humains à l'échelle mondiale et un million au Canada. Elle est la première cause de baisse importante de la vision après 55 ans dans les pays industrialisés. La forme sèche représente 85 % à 90 % des cas et la forme humide 10 % à 15 % des cas. La prévalence globale de la maladie augmente progressivement avec l'âge : elle est d'environ 1 % à 2 % entre 50 et 65 ans, 10 % entre 65 et 75 ans, et 25 % entre 75 et 85 ans. (Chapitre 1)

(2) Quels sont les symptômes de la DMLA?
Le plus souvent, les symptômes observés sont un besoin accru de lumière pour lire, une baisse progressive de l'acuité visuelle de loin et de près, et, parfois,

la déformation des lignes droites (métamorphopsie) et l'apparition de taches floues ou sombres (scotomes). La gêne visuelle est plus ou moins perceptible au début. (Chapitre 2)

(3) Quelles sont les causes de la DMLA ?

Les causes de la DMLA sont mal connues et la maladie est probablement multifactorielle. On sait toutefois que l'âge et les antécédents familiaux sont des facteurs de risque importants. (Chapitre 3)

(4) Devient-on aveugle ?

Cette maladie ne rend pas aveugle. Elle diminue la vision centrale tant de près que de loin, ce qui peut rendre difficiles certaines activités, comme la lecture. La vision périphérique reste intacte et permet de se déplacer seul. (Chapitre 1)

(5) Comment savoir si l'on est atteint de DMLA ?

L'optométriste et l'ophtalmologiste peuvent détecter une DMLA par un examen du fond de l'œil. Cet examen permet également d'en préciser la forme et la gravité. (Chapitre 4)

(6) Quand doit-on consulter d'urgence ?

Il est important de consulter d'urgence un spécialiste de la vue lorsqu'on constate un changement important et rapide de sa vision. (Chapitre 4)

(7) La DMLA est-elle due à une utilisation intensive des yeux ?

Ni la lecture prolongée, ni le travail sur écran, ni la télévision, ni une utilisation intensive de la vision dans des activités de précision ne peuvent causer la DMLA. (Chapitre 3)

(8) Certains médicaments peuvent-ils provoquer la DMLA?

Jusqu'à présent, aucun médicament n'a été associé à la survenue de la DMLA. (Chapitre 4)

(9) Peut-on prévenir la DMLA?

Aucun traitement préventif n'est actuellement connu pour éviter l'apparition de la DMLA. Toutefois, un régime alimentaire riche en antioxydants pourrait être protecteur. (Chapitre 5)

(10) La DMLA est-elle héréditaire?

De nouvelles données permettent de penser que la DMLA est héréditaire dans certains cas. Au cours des dernières années, les chercheurs ont identifié quelques-uns des gènes associés à la dégénérescence maculaire. (Chapitre 5)

(11) Peut-on guérir la DMLA?

Il n'existe pas de traitement pour la forme sèche, mais on peut parfois retarder sa progression par la prise de suppléments alimentaires. La forme humide, plus rare mais plus agressive, peut être freinée. Les traitements existants permettent souvent d'observer une amélioration de la vision. (Chapitre 5)

(12) Peut-on ralentir la progression de la DMLA?

Oui. Les traitements actuels ont prouvé leur efficacité pour ralentir la progression des symptômes de la DMLA. Mieux encore, certains traitements pour la forme humide permettent d'améliorer la vision du patient. (Chapitre 5)

⑬ Peut-on pratiquer une opération?

Aucune opération ne permet de guérir la DMLA. La place de la chirurgie dans la DMLA se résume à de rares cas d'hémorragie massive. (Chapitre 5)

⑭ Si un seul œil est atteint, l'autre le sera-t-il automatiquement?

Au début, les signes et les symptômes de la DMLA peuvent ne toucher qu'un seul œil. Éventuellement, les deux yeux seront touchés à des degrés de progression et de gravité différents. Près de 50 % des personnes atteintes de DMLA humide dans un œil finiront par avoir les deux yeux touchés dans un délai de cinq ans. (Chapitre 2)

⑮ À quelle fréquence faut-il consulter un spécialiste?

La surveillance par l'ophtalmologiste ou l'optométriste est indispensable quand on est atteint de DMLA. La fréquence des consultations et des traitements sera déterminée par le spécialiste de la vue. (Chapitre 5)

⑯ La DMLA est-elle une maladie douloureuse?

Non, la DMLA n'est pas douloureuse. Les examens de la vue qu'elle exige et les traitements proposés ne sont pas douloureux non plus. (Chapitre 2)

⑰ Peut-on conduire avec une DMLA?

La majorité des personnes atteintes de DMLA gardent leur permis de conduire très longtemps. Pour avoir le droit de conduire au Canada, il faut avoir une acuité visuelle d'au moins 6/15 (20/50). Lorsque la DMLA entraîne une baisse importante de l'acuité visuelle, la personne atteinte n'est plus en mesure de conduire un véhicule. (Chapitre 6)

(18) Peut-on prendre l'avion avec une DMLA?
Oui. Les changements de pression en avion ne présentent pas de risque pour les personnes atteintes de DMLA. (Chapitre 6)

(19) Peut-on vivre seul quand on est atteint de DMLA?
Une personne atteinte de DMLA peut très bien, dans la majorité des cas, continuer à vivre seule. Il faut cependant tenir compte de la condition physique de la personne et de l'aménagement de son domicile (nombreuses marches, etc.). (Chapitre 6)

(20) Peut-on se déplacer seul?
Oui, une personne atteinte de DMLA peut se déplacer seule. Certains outils ont été mis au point afin de faciliter les déplacements des personnes ayant une déficience visuelle, comme la carte de métro tactile, par exemple. (Chapitre 6)

(21) Existe-t-il des aides visuelles pour améliorer la vue?
De nombreuses aides visuelles (loupes, télévisionneuses, etc.) permettent de faciliter les activités quotidiennes des personnes atteintes de DMLA. (Chapitre 6)

(22) Peut-on retrouver la vision perdue à cause de la DMLA en changeant ses lunettes?
Non, on ne peut pas avoir recours à des lunettes pour retrouver la vision perdue. Quelles que soient les lunettes

utilisées, la tache sombre sera toujours présente dans le champ visuel de la personne atteinte de DMLA. (Chapitre 6)

㉓ Doit-on modifier son alimentation ?

On recommande aux personnes atteintes de DMLA de suivre certaines règles diététiques et d'avoir une alimentation très équilibrée : beaucoup de fruits, de légumes et de poisson, et peu de graisses. (Chapitres 3 et 5)

㉔ Doit-on cesser de fumer ?

Il est toujours bénéfique de cesser de fumer. Les fumeurs sont plus à risque d'être atteints de DMLA. Des études récentes ont révélé que les personnes atteintes de DMLA qui continuent à fumer augmentent leur risque de développer une forme plus grave de la maladie. (chapitres 3 et 5)

㉕ Doit-on prendre des suppléments alimentaires ?

Aux personnes atteintes d'une DMLA sèche qui risque fortement de devenir humide, l'ophtalmologiste peut prescrire des suppléments alimentaires (antioxydants). Mais le fait de prendre des suppléments alimentaires ne dispense pas d'avoir une alimentation saine, variée et équilibrée. (Chapitre 5)

CHAPITRE 1
COMPRENDRE
LA DMLA

La dégénérescence maculaire liée à l'âge (DMLA) touche 12 % de la population du monde occidental de 65 à 75 ans[1] et l'on estime que plus de 1 million de Canadiens en sont atteints[2]. Cette maladie chronique et évolutive est la première cause de baisse importante de la vision après 65 ans dans les pays industrialisés. Malgré son incidence élevée, la DMLA est encore méconnue du grand public. Du fait du vieillissement de la population, le nombre de cas pourrait augmenter de près de 50 % d'ici 2020[3]. Considérée comme un enjeu majeur de santé publique, la DMLA intéresse particulièrement le domaine de la recherche et d'importants progrès ont été réalisés.

QU'EST-CE QUE LA DMLA ?

La DMLA est provoquée par une dégénérescence progressive (ou vieillissement prématuré) de la macula. Des dépôts blanchâtres (des « drusen ») apparaissent dans cette partie centrale de la rétine et des cellules (photorécepteurs et cellules de l'épithélium pigmentaire) disparaissent, entraînant une perte graduelle de la vision centrale de près comme de loin. La maladie peut se présenter sous deux formes : la DMLA sèche ou la DMLA humide (*voir Chapitre 2*). Elle laisse habituellement intacte la vision périphérique ou latérale. Cette maladie de la rétine apparaît le plus souvent après 50 ans, et surtout à partir de 65 ans, provoquant un affaiblissement important des capacités visuelles, sans toutefois rendre aveugle.

La DMLA est deux fois plus fréquente chez les Blancs que chez les Noirs et sa probabilité est intermédiaire chez les Asiatiques et les Hispaniques.

Pour comprendre son impact sur la vision, quelques explications sur le fonctionnement de l'œil, et plus particulièrement sur le fonctionnement de la rétine, sont nécessaires.

LE FONCTIONNEMENT DE L'ŒIL ET DE LA RÉTINE

L'œil est un organe sphérique d'environ 2,5 cm (1 pouce) de diamètre, qui est composé de plusieurs couches et structures internes (*Figure* ❶). Seule une partie de l'œil est visible : le reste est logé à l'intérieur du crâne. On compare souvent le fonctionnement de l'œil à celui d'un appareil photo 35 mm – avant l'arrivée du numérique. Pour obtenir une image claire et précise, on ajuste la mise au point, tandis que le diaphragme

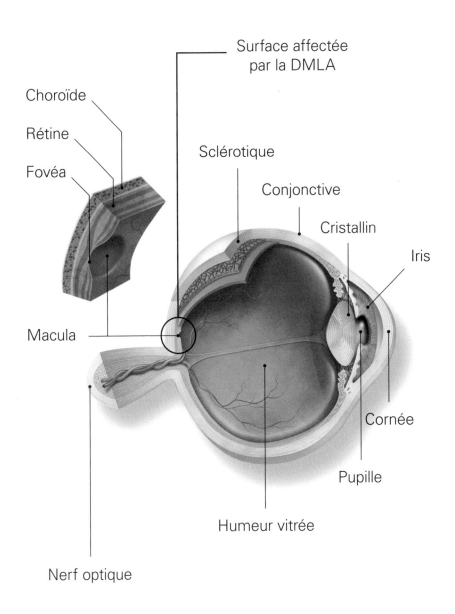

Surface affectée
par la DMLA

Choroïde

Rétine

Fovéa

Sclérotique

Conjonctive

Cristallin

Iris

Macula

Cornée

Pupille

Humeur vitrée

Nerf optique

❶ Coupe transversale de l'œil

s'ouvre et se ferme pour laisser passer la quantité adéquate de lumière. Le même principe s'applique à l'œil. La mise au point des images est assurée par la cornée et le cristallin, alors que l'iris sert de diaphragme. L'image ainsi formée est projetée sur la rétine qui tapisse le fond de l'œil, un peu comme sur une pellicule photographique.

La sclérotique et la conjonctive

L'enveloppe externe de l'œil, la sclérotique, est une paroi rigide qui entoure et protège l'œil (le blanc de l'œil). La sclérotique est couverte, sur sa partie visible, d'une fine membrane transparente, la conjonctive, qui se replie pour tapisser l'intérieur des paupières.

La cornée

La cornée est la membrane transparente qui recouvre l'œil et que l'on pourrait comparer au verre qui recouvre le cadran d'une montre. D'un demi-millimètre d'épaisseur, elle forme une coque translucide devant l'iris, dont elle est séparée par l'humeur aqueuse. La cornée est la porte d'entrée de la lumière et protège l'intérieur de l'œil contre les rayons UV.

L'iris et la pupille

L'iris (responsable de la couleur de l'œil) est percé en son centre d'un orifice, la pupille, qui permet à la lumière d'entrer dans l'œil et d'atteindre la rétine. La contraction et la dilatation de la pupille modulent la quantité de lumière qui atteindra la rétine.

Le cristallin

Situé derrière l'iris, le cristallin sert de lentille. Il fait la mise au point des images qui sont projetées au fond de l'œil. Pour y parvenir, il change de forme selon la distance qui sépare l'œil de l'objet regardé. Avec l'âge, le cristallin perd de sa souplesse et s'ajuste moins facilement : on ne peut plus voir de près sans lunettes (presbytie). L'opacification du cristallin s'appelle la cataracte.

L'humeur vitrée

Entre le cristallin et la rétine se trouve un compartiment contenant une substance transparente gélatineuse connue sous le nom d'« humeur vitrée » ou de « corps vitré », qui donne sa forme sphérique au globe oculaire.

La rétine

La rétine est une fine pellicule de tissu nerveux qui tapisse 75 % de la surface interne du globe oculaire. C'est dans la rétine que sont situés les photorécepteurs, des cellules qui transforment la lumière en influx nerveux, lequel est acheminé au cerveau par le nerf optique. La DMLA affecte une toute petite partie de la rétine : la macula.

La macula

La macula occupe une très petite surface (environ 2 mm de diamètre) au centre de la rétine. Elle transmet 90 % de l'information visuelle traitée par le cerveau et sa composition, riche en cellules visuelles, nous permet de distinguer les menus détails, comme les imprimés et les traits du visage, ainsi que les couleurs. Si l'ensemble de la rétine nous permet de voir qu'un livre est posé sur la table, c'est la macula qui nous permet de lire les mots qui y sont imprimés. Cette région de la rétine porte aussi le nom de « tache jaune » du fait de sa teinte jaunâtre due à une forte concentration en lutéine, un antioxydant de la famille des caroténoïdes.

La fovéa

La fovéa est une petite fossette d'un demi-millimètre de diamètre située au centre de la macula qui assure la plus grande acuité visuelle. C'est à cet endroit de la macula que la vision est la plus précise. Grâce aux cônes (des photo-récepteurs) qui s'y trouvent en grand nombre, cette zone est également largement responsable de l'appréciation des couleurs. Plus une lésion est située près de la fovéa, plus elle sera dommageable pour la vision centrale.

Le nerf optique

Situé au fond de l'œil, le nerf optique transmet les informations visuelles au cerveau. Il est constitué d'un million de fibres provenant de la rétine.

COMMENT VOIT-ON ?

C'est après avoir traversé la cornée, l'humeur aqueuse, le cristallin et l'humeur vitrée que la lumière atteint la rétine. C'est là, et non dans le cerveau, que commence le traitement de l'image par le système nerveux. D'ailleurs, beaucoup d'anatomistes considèrent que la rétine est une extension du cerveau.

Cette pellicule (*Figure* ❷), mince comme une feuille de papier, est plus complexe et plus précise qu'une pellicule photo; elle est constituée de 10 couches différentes ayant chacune un rôle à jouer. La lumière doit traverser plusieurs de ces couches avant d'atteindre les 125 millions de photo-récepteurs – des cellules sensibles à la lumière – qui vont la capter et la transformer en influx nerveux, lequel est transmis au cerveau par le nerf optique.

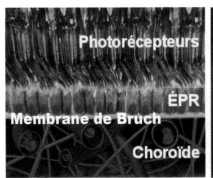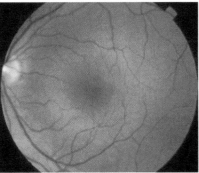

❷ Rétine normale

Le rôle des photorécepteurs

La rétine compte deux sortes de photorécepteurs : les bâtonnets et les cônes, qui jouent chacun un rôle différent dans la
perception des images.

Les bâtonnets, au nombre de 120 millions, peuvent capter de faibles émissions lumineuses et nous permettent de
voir la nuit. Durant le jour, ou lorsque la lumière est intense,
ils sont inactivés. Les bâtonnets ne permettent pas de
percevoir les détails et les couleurs, mais ils assurent la
vision périphérique.

Les cônes sont moins nombreux (cinq millions), mais
leur capacité à percevoir les détails est 100 fois supérieure
à celle des bâtonnets. Très nombreux dans la macula, les
cônes sont responsables de la vision des couleurs et sont
surtout utilisés en présence d'une forte luminosité (durant
le jour ou à la lumière artificielle). Certains d'entre eux sont
conçus pour percevoir le bleu, d'autres le rouge et d'autres,
enfin, le vert.

Pour transformer l'énergie lumineuse en énergie
nerveuse, les photorécepteurs utilisent un dérivé de la

vitamine A sensible à la lumière: le rétinène (ou rétinal). Une fois que le rétinène a été utilisé, il perd sa sensibilité à la lumière. Comme l'organisme ne peut pas fabriquer de vitamine A, il la recycle. C'est là que l'épithélium pigmentaire rétinien entre en jeu.

Le rôle de l'épithélium pigmentaire rétinien

L'épithélium pigmentaire rétinien (EPR) est formé d'une couche de cellules située sous la rétine. L'une de ses tâches est de débarrasser la rétine des déchets produits par les photorécepteurs lorsqu'ils transforment la lumière en influx nerveux. La DMLA survient quand l'épithélium pigmentaire rétinien (EPR) commence à se détériorer. Cette détérioration se propage dans la rétine, plus particulièrement dans la macula, où se trouvent les cônes photosensibles (responsables de l'acuité visuelle centrale et de la perception des couleurs), de sorte que la vision centrale devient moins nette et s'embrouille de plus en plus.

Le rôle de la choroïde

Située sous la rétine, entre l'EPR et la sclérotique, la choroïde assure l'apport de nutriments et d'oxygène nécessaire aux photorécepteurs pour accomplir leur tâche. Malgré ses dimensions relativement réduites – il s'agit d'une couche de tissu organique –, elle contient principalement des vaisseaux sanguins et le débit sanguin y est le plus important de tout l'organisme. Cela démontre à quel point les photorécepteurs ont besoin de nutriments pour bien jouer leur rôle. La DMLA humide est causée par la formation dans la choroïde de nouveaux vaisseaux sanguins anormaux appelés néovaisseaux. Le suintement de liquide à partir de ces néovaisseaux est responsable de la distorsion des images et de la perte de la vision centrale.

Le rôle de la membrane de Bruch

La membrane de Bruch est formée de cinq couches très minces et elle se situe entre l'EPR et la choroïde. Elle sépare physiquement ces deux structures tout en permettant des échanges métaboliques entre les photorécepteurs, l'EPR et la circulation sanguine provenant de la choroïde (oxygène, nutriments et détritus). Elle est anormalement épaissie par la formation de drusen chez les personnes atteintes de DMLA.

Références

[1] Pascolini D, Mariotti SP, Pokharel GP et coll. 2002 Global update of available data on visual impairment : a compilation of population-based prevalence studies [archive], *Ophthalmic Epidemiol,* 2004;11:67-115.

[2] INCA

[3] Friedman DS, O'Colmain BJ, Muñoz B et coll. Prevalence of age-related macular degeneration in the United States [archive], *Arch Ophthalmol,* 2004;122:564-72.

CHAPITRE 2
LES FORMES DE DMLA

Deux formes de DMLA peuvent affecter la macula : la forme sèche et la forme humide. La forme sèche est la plus répandue : elle représente de 85 % à 90 % des DMLA diagnostiquées. Cette forme progresse lentement et provoque rarement une perte de vision importante. Généralement, les deux yeux sont affectés, mais à des degrés différents et dans un intervalle de temps très variable.

Par contre, la forme humide de la maladie est appelée ainsi parce qu'elle implique une croissance anormale de vaisseaux sanguins qui laissent passer des fluides et du sang dans la macula. Cette forme de DMLA ne représente que 10 % à 15 % des cas, mais elle évolue rapidement et peut affecter la vision en quelques semaines ou en quelques jours.

LA DMLA SÈCHE

Les signes précoces

Un des tout premiers signes de la forme sèche est l'apparition de petits dépôts de forme ronde et de couleur jaunâtre dans la membrane de Bruch. On appelle ces dépôts des drusen et on les détecte lors d'un examen du fond de l'œil. (*Figure*❶).

Les drusen sont des accumulations de résidus de l'activité cellulaire, constitués principalement de protéines et de lipides. En effet, en captant la lumière pour la convertir en influx nerveux, les photorécepteurs produisent des déchets. L'épithélium pigmentaire rétinien (EPR) – qui joue, entre autres, le rôle d'« éboueur » de la rétine – est normalement chargé de les éliminer. Quelles sont les causes de cette accumulation de débris ? Les chercheurs ne connaissent pas encore la réponse. Il se peut que l'EPR n'arrive plus à faire correctement son travail ou qu'il soit débordé par une trop grande quantité de déchets. Quoi qu'il en soit, on note souvent des modifications de l'épithélium pigmentaire aux stades précoces de la maladie.

D'autres hypothèses mettent plutôt en cause la membrane de Bruch : pour une raison que l'on ignore, celle-ci pourrait devenir moins perméable, ce qui nuirait aux échanges entre l'EPR et la choroïde, notamment en ce qui concerne l'évacuation des déchets (*voir Chapitre 3*).

Même si le spécialiste de la vue détecte quelques drusen dans un œil, il ne faut pas nécessairement s'alarmer. Ces dépôts se forment souvent avec l'âge et leur présence ne signifie pas forcément que l'on est atteint de DMLA. Ils sont un peu l'équivalent des rides sur la peau et l'on en trouve en très petite quantité chez la plupart des gens de plus de 60 ans. Par contre, l'optométriste ou l'ophtalmologiste doit surveiller leur progression.

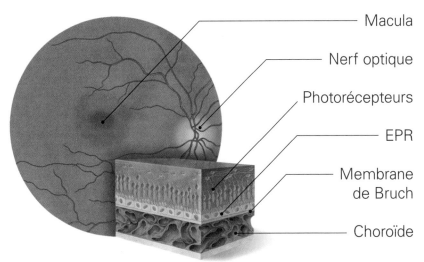

Macula

Nerf optique

Photorécepteurs

EPR

Membrane de Bruch

Choroïde

Macula et fond d'œil normaux

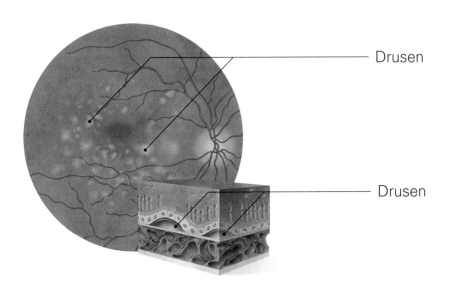

Drusen

Drusen

Macula et fond d'œil avec drusen

Tous les drusen ne sont pas identiques. Ceux qui sont petits et bien circonscrits sont souvent bénins ou signalent une forme très précoce de DMLA. Si précoce, en fait, que l'on se demande parfois si la maladie est bien présente. Par contre, des drusen larges et aux contours irréguliers indiquent de façon non équivoque une DMLA. Mais pour cela, il faut qu'ils se retrouvent dans la macula qui, tel que nous l'avons mentionné précédemment, est responsable de la vision des couleurs et des détails. Des drusen peuvent aussi apparaître ailleurs dans la rétine – à l'extérieur de la macula –, mais leur présence n'aura que peu de conséquences, voire aucune, sur la vision.

Les drusen peuvent rester inchangés pendant des années. Mais ils peuvent aussi se modifier. Des drusen peuvent augmenter en nombre ou se transformer en drusen aux contours irréguliers. Ils peuvent s'étendre et former de larges plaques dans la membrane de Bruch.

Résultat : la membrane de Bruch remplira moins bien son rôle. Le transport de l'oxygène et des éléments nutritifs entre l'épithélium pigmentaire rétinien (EPR) – qui est situé juste au-dessus – et la choroïde – située juste en dessous – sera perturbé. La présence de drusen s'accompagne de changements au niveau des cellules de l'épithélium pigmentaire rétinien (EPR) : des photorécepteurs qui dépendent du bon fonctionnement de cette couche de la rétine pour leur survie vont finir par mourir, ce qui se traduira par une perte de qualité de la vision.

Comment la vision est-elle affectée ?

Au début, les changements sont presque imperceptibles. Comme la DMLA sèche progresse lentement – sur 10, 20 et parfois même 30 ans –, l'œil affecté peut perdre une bonne partie de son acuité avant que l'on en prenne conscience.

Simulation de la vision normale

Simulation de la vision avec faible sensibilité au contraste

En effet, l'œil qui n'est pas atteint ainsi que le cerveau, qui interprète les signaux visuels envoyés par les photorécepteurs, peuvent tous deux compenser cette perte.

Mais quelques symptômes sont révélateurs. On peut avoir besoin de plus de lumière pour lire et éprouver plus de difficulté à s'adapter aux changements d'intensité lumineuse. La capacité à distinguer les couleurs peut s'émousser, de même que la sensibilité aux contrastes. (*Figure*❷).

La lecture peut devenir plus difficile, même avec des lunettes adaptées à notre vue. Certaines personnes vont dire : « Je vois, mais je ne distingue pas les détails. »

Plus les drusen se répandent dans la macula, plus la vision centrale risque de se détériorer. Les lignes droites semblent alors onduler et les objets semblent déformés. Ce phénomène s'appelle la métamorphopsie.

Aux stades avancés – et heureusement plus rares –, des portions de la macula s'atrophient, ce qui l'empêche de faire son travail. De petites taches floues ou sombres apparaissent alors dans le champ visuel, produisant des trous dans la vision centrale. On les appelle des scotomes. On parle à ce moment-là de DMLA atrophique. Lorsqu'une bonne partie de la macula est atrophique, on parle de DMLA sèche avancée (*Figure*❸). Une DMLA sèche avancée peut nuire à la vision autant qu'une DMLA humide, mais sa progression sera beaucoup plus lente. Fait à noter : même aux stades les plus avancés, tous les changements qui se produisent dans la macula sont absolument indolores.

Ce qui est encourageant, par contre, c'est qu'il est fort probable que des changements dans les habitudes de vie, notamment l'abandon du tabac, puissent ralentir la progression de la DMLA sèche, comme nous le verrons plus loin.

Simulation de la vision normale

Simulation de la vision avec DMLA sèche

❸

LA DMLA HUMIDE

La DMLA humide se développe uniquement chez des personnes déjà atteintes par la DMLA sèche. La forme humide ou exsudative se nomme ainsi parce qu'elle se manifeste par l'apparition de petits vaisseaux sanguins, appelés néovaisseaux, qui laissent passer du sang ou des fluides dans la macula, causant des hémorragies ou une enflure.

Selon l'étude AREDS (Age-Related Eye Disease Study), une importante étude publiée par le National Eye Institute des États-Unis en 2002, seulement 1,3 % des personnes atteintes du stade précoce de la DMLA sèche seront affectées par la forme humide ou sèche avancée.

La forme humide peut survenir brutalement et causer des dommages importants en quelques jours. Plus rare, heureusement, elle est cependant responsable de 90 % des cas de perte grave de vision centrale associée à la maladie.

Les signes du passage à la forme humide

Les raisons qui amènent la DMLA sèche à se transformer en DMLA humide demeurent obscures. Cependant, il est maintenant établi que l'apparition de néovaisseaux sous la rétine concorde avec la sécrétion d'une substance appelée VEGF (pour Vascular Endothelial Growth Factor : facteur de croissance de l'endothélium vasculaire) par certaines cellules rétiniennes. Or, ces néovaisseaux sont de mauvaise qualité ; leurs parois laissent passer des fluides et du sang, ce qui provoque de l'enflure et de minuscules hémorragies dans la rétine (*Figure* ❹).

Comment la vision est–elle affectée ?

Dans une zone aussi petite et complexe que la macula, même un léger épanchement endommage les photorécep-

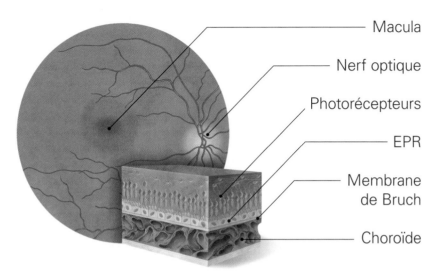

Macula

Nerf optique

Photorécepteurs

EPR

Membrane
de Bruch

Choroïde

Macula normale

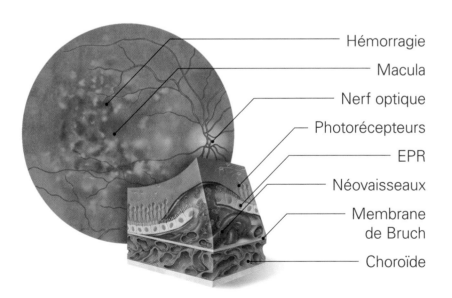

Hémorragie

Macula

Nerf optique

Photorécepteurs

EPR

Néovaisseaux

Membrane
de Bruch

Choroïde

Forme humide de la DMLA

teurs et les empêche de transmettre les signaux visuels. Les lignes droites peuvent commencer à onduler ou à devenir irrégulières (métamorphopsie) et des taches floues peuvent apparaître dans le champ visuel central (*Figure* **5**).

La présence de sang et de fluides entraîne malheureusement un processus de réparation des tissus qui modifie l'anatomie et la fonction de la rétine. Autrement dit, en l'absence de traitement ou en cas d'échec de ce dernier, une cicatrice va se former dans la macula, ce qui entraînera une baisse de vision.

Même si des taches floues peuvent aussi apparaître dans les cas de DMLA sèche, leur développement est beaucoup plus rapide dans la DMLA humide. Sans traitement, toute la vision centrale peut disparaître – à un rythme qui varie beaucoup d'une personne à l'autre – et rendre la lecture ou la conduite automobile très difficile, voire impossible. En outre, lorsqu'un œil est atteint de la forme exsudative (humide), les risques que l'autre œil soit aussi atteint sont élevés. Heureusement, certaines interventions permettent de colmater les fuites causées par ces vaisseaux et de limiter leur prolifération avant que les dommages ne s'aggravent (*voir Chapitre 5*).

Simulation de la vision normale

Simulation de la vision avec DMLA humide

5

AVANT DE PENSER AU PIRE...

L'annonce d'un diagnostic de DMLA est un choc pour la personne concernée. Les questions qui reviennent le plus fréquemment sont : « Est-ce que je vais devenir aveugle ? Est-ce que je pourrai encore lire ou conduire ma voiture ? » Avant de s'inquiéter à outrance, il faut savoir que la maladie comporte plusieurs stades et qu'elle évolue différemment selon les personnes.

La plupart des gens qui reçoivent un diagnostic de DMLA sont atteints de la forme sèche, qui est la moins agressive. En effet, chez certaines personnes, la DMLA sèche progresse très peu durant des années. Des changements dans les habitudes de vie et, dans certains cas, la consommation de suppléments alimentaires appropriés peuvent aussi ralentir la progression de la maladie et limiter le risque qu'elle se transforme en DMLA humide.

Même si on est affecté par une DMLA avancée qui a été diagnostiquée tardivement, on ne devient jamais complètement aveugle. Dans le pire des cas, la vision centrale peut disparaître, mais on ne se retrouve jamais dans le noir. La vision périphérique, qui est assurée par le reste de la rétine, n'est pas affectée par la maladie. On peut donc continuer à se déplacer et conserver son autonomie. Des aides visuelles permettent aussi, dans bien des cas, de poursuivre ses activités et de profiter de la vie.

LES STADES DE LA DMLA

À l'heure actuelle, on distingue quatre stades de la maladie, mais il faut savoir que les symptômes énumérés peuvent varier d'une personne à l'autre.

DMLA sèche précoce

La rétine comporte quelques petits drusen dans un œil (mais le plus souvent dans les deux yeux). Cependant, la vision centrale est la même que pour les personnes qui ne sont pas atteintes de DMLA.

DMLA sèche intermédiaire

Les personnes atteintes présentent plusieurs drusen de grosseur moyenne ou encore un ou plusieurs drusen de grande taille dans un œil ou les deux yeux. Il est possible que les lignes droites paraissent courbes, mais sans perte de vision importante.

DMLA sèche avancée

Les photorécepteurs de la macula font moins bien leur travail. Il y a une tache floue ou sombre au centre de la vision. À ce stade, le risque de développer une DMLA humide est élevé.

DMLA humide

Des régions de la macula sont envahies par des fluides et du sang. Les photorécepteurs sont endommagés, ce qui provoque l'apparition de tâches floues ou sombres dans la vision centrale. Lorsqu'un œil est atteint de DMLA humide, il y a 50 % de chance que l'autre œil soit également atteint dans les cinq ans.

LISTE DES SYMPTÔMES DES FORMES SÈCHE ET HUMIDE DE LA DMLA

Plusieurs symptômes peuvent se manifester, ensemble ou séparément, lors de la progression de la DMLA. Voici ceux que l'on rencontre le plus fréquemment :

- Besoin de plus de lumière pour lire

- Diminution de la sensibilité aux contrastes

- Distorsion des lignes droites (métamorphopsie)

- Baisse de l'acuité visuelle qui se manifeste par une difficulté à distinguer les lettres imprimées ou à reconnaître les visages

- Diminution de la perception des couleurs

- Apparition de taches floues ou sombres (scotomes) dans le champ visuel central

TÉMOIGNAGE

Prénom : Simone	**Âge :** 78 ans

Profession : journaliste à la retraite

À 78 ans, Simone était suivie depuis 11 ans pour une DMLA sèche. Elle vivait seule dans son appartement et sa maladie ne l'empêchait pas de faire ses activités quotidiennes. «Je gardais mes petits-enfants à l'occasion, je faisais mes emplettes seule, mes repas et mon ménage, même si j'avais observé, au fil des ans, une légère baisse de ma vision centrale», raconte-t-elle. Un matin, Simone s'est rendu compte que sa vision de l'œil droit avait beaucoup diminué : elle voyait une tache sombre et l'image était déformée, ce qui n'était jamais arrivé auparavant. «J'étais très inquiète, même si on m'avait assuré que ma maladie ne me rendrait jamais aveugle.»

L'optométriste qui a examiné Simone lui a confirmé que la vision de son œil droit avait beaucoup baissé depuis le dernier examen. Il a vérifié que cette baisse n'était pas due à des lunettes mal ajustées ou à une cataracte et il lui a fait un examen du fond de l'œil. Il a constaté que Simone avait développé la forme humide de la maladie dans son œil droit, car du sang était visible au fond de l'œil. Simone a rapidement obtenu un rendez-vous avec son ophtalmologiste, qui lui a confirmé les observations et l'a soumise à une angiographie rétinienne. Cet examen a été suivi d'injections intraoculaires mensuelles de ranibizumab (Lucentis[MD]). Après six mois, le sang avait complètement disparu et Simone avait récupéré la majeure partie de la vision qu'elle avait avant l'hémorragie. Elle est suivie de plus près et elle recevra d'autres injections au besoin. « Je suis bien heureuse d'avoir conservé mon autonomie ! », se réjouit-elle.

CHAPITRE 3
LES FACTEURS
DE RISQUE

Inévitablement, lorsqu'on reçoit un diagnostic de maladie, on cherche le coupable, le facteur responsable, l'erreur commise. Les recherches sur la DMLA ne permettent pas encore d'identifier de façon certaine les causes de la maladie. Plusieurs facteurs de risque pourraient être responsables de sa survenue, les principaux et les mieux connus étant l'âge et les antécédents familiaux. On pense cependant que certains comportements ou certaines habitudes pourraient augmenter les risques de développer une DMLA.

UN MOT SUR LES CAUSES

On ignore pour quelle raison une accumulation de déchets apparaît dans la membrane de Bruch. Certains chercheurs pensent qu'un surplus de radicaux libres pourrait être en cause. Toutes les cellules du corps humain produisent de l'énergie à partir de l'oxygène et des aliments que l'on consomme, et cette opération produit des déchets : les radicaux libres. La macula, en particulier, en génère une grande quantité parce que les photorécepteurs ont besoin de beaucoup d'oxygène pour accomplir leur tâche, qui est de transformer la lumière en signaux nerveux que le cerveau pourra interpréter. Le corps possède un excellent système de protection pour mettre en échec les radicaux libres : il utilise les antioxydants – comme les vitamines C et E, le bêtacarotène ou le zinc –, qui proviennent de la nourriture que l'on consomme.

Malheureusement, avec l'âge, notamment si l'on a abusé du soleil, du tabac et des gras trans ou saturés, l'organisme produit plus de radicaux libres qu'il n'est capable d'en neutraliser. Cela est encore plus vrai lorsque l'alimentation ne contient pas suffisamment d'antioxydants. C'est peut-être ce qui expliquerait l'accumulation de débris sur la membrane de Bruch : débordé par l'ampleur de la tâche, l'épithélium pigmentaire rétinien (EPR) n'arriverait plus à éliminer les déchets causés par une trop grande quantité de radicaux libres.

L'inflammation pourrait aussi jouer un rôle. La réaction inflammatoire est une réponse de l'organisme face à une agression et elle fait partie de son système de défense. Par exemple, lorsqu'on est infecté par une bactérie, une armée de protéines se met en marche pour la combattre. Une fois que l'infection est contrôlée, d'autres protéines entrent en jeu pour calmer l'inflammation. Or, dans certaines familles, une variation génétique fait en sorte que les protéines qui jouent ce rôle anti-inflammatoire soient déréglées. De telles variations peuvent mener à des réactions inflammatoires exagérées comme les allergies ou la polyarthrite rhumatoïde. Or, la DMLA pourrait aussi avoir comme facteurs prédisposants des anomalies génétiques du système immunitaire, tout particulièrement de ce qu'on appelle le système complémentaire (une association de protéines qui provoque une réaction inflammatoire). Le dysfonctionnement d'une protéine appartenant au système complémentaire, le CFH (Complement Factor H), dont la fonction est de réguler l'inflammation, jouerait un rôle important dans le développement (pathogénie) de la DMLA et devient de ce fait une cible de choix pour d'éventuels nouveaux traitements.

CE QUI NE CAUSE PAS LA DMLA

Les grands-mères disaient souvent : « Ne passe pas tes journées à lire, tu vas t'abîmer les yeux ! » Mais cette croyance populaire n'a aucun fondement scientifique. Les yeux ne « s'usent » pas plus vite en lisant un livre qu'en regardant par la fenêtre. La DMLA n'est pas causée par un excès de lecture, de travail à l'ordinateur ou de couture. Et le fait de poursuivre ces activités après un diagnostic de DMLA n'aggravera pas la maladie.

Il est évident que certaines habitudes de vie peuvent abîmer les yeux, comme passer de longues journées à la lumière intense sans porter des lunettes de soleil. Cette mauvaise habitude peut augmenter les risques de souffrir de cataracte et peut-être même de DMLA.

LES FACTEURS DE RISQUE

En attendant de pouvoir mettre le doigt sur les causes exactes de la maladie, on a identifié des facteurs qui augmentent les risques de la développer. Généralement, les scientifiques croient que la DMLA survient lorsque l'effet combiné de divers facteurs de risque franchit un certain seuil. À l'heure actuelle, on distingue les facteurs de risque reconnus des facteurs de risque probables de la maladie.

Parmi ces facteurs de risque, certains sont hors de notre contrôle, comme l'âge ou les antécédents familiaux. Par contre, d'autres peuvent être modifiés, comme le fait de fumer, une consommation insuffisante de fruits et de légumes ou la sédentarité. Mais, comme avec tous les problèmes de santé, des personnes qui présentent des facteurs de risque ne développeront pas la maladie, alors que d'autres, qui ne semblaient pas prédisposées au départ, seront finalement atteintes.

Facteurs de risque connus

L'âge
Même si les chiffres varient, toutes les études indiquent que le risque augmente avec l'âge. La DMLA apparaît rarement avant 50 ans et touche surtout les plus de 65 ans. Mais c'est à partir de 75 ans que la possibilité d'être atteint grimpe en flèche.

Les antécédents familiaux
Il s'agit d'un autre facteur de risque important. Les études indiquent que lorsqu'un membre de la famille proche, comme le père, la mère, un frère ou une sœur est affecté par la maladie, les risques de la développer sont multipliés par quatre.

PRÉVALENCE DE LA DMLA SELON L'ÂGE CHEZ DES INDIVIDUS DE RACE BLANCHE*

DMLA précoce

49-54 ans: entre 1,3 % et 9,4 %

55-64 ans: entre 2,4 % et 16, 3 %

65-74 ans: entre 8,5 % et 24 %

75-84 ans: entre 13,5 % et 36,3 %

85 ans +: entre 18,2 % et 40,6 %

DMLA avancée

49-54 ans: entre 0 % et 0,1 %

55-64 ans: entre 0,1 % et 0,5 %

65-74 ans: entre 0,7 % et 1,4 %

75-84 ans: entre 3,2 % et 6,9 %

85 ans +: entre 11,6 % et 18,5 %

* D'après les études de Beaver Dam aux États-Unis (1993), de Rotterdam aux Pays-Bas (2001) et de Blue Mountains en Australie (2002).

Le tabagisme

Sur ce point, tous les chercheurs s'entendent: il s'agit, et de loin, du facteur modifiable le plus important. En effet, les fumeurs sont trois fois plus susceptibles de développer la DMLA sèche et six fois plus à risque que les non-fumeurs de développer la DMLA humide. L'une des explications possibles est que le fait de fumer génère beaucoup de radicaux libres. De plus, la nicotine, un des composés du tabac, est un angiogénique, c'est-à-dire qu'elle stimule le développement de néovaisseaux, qui sont impliqués dans la forme humide de la DMLA.

Le sexe
Sans que l'on sache pourquoi, les femmes sont légèrement plus à risque d'être atteintes de DMLA que les hommes.

La race
Les personnes au teint clair sont plus susceptibles de développer la DMLA que les personnes au teint foncé. Les personnes de race blanche sont deux fois plus touchées que les personnes de race noire.

Facteurs de risque probables

Une alimentation pauvre en fruits et légumes
Une alimentation comportant peu de fruits et de légumes représente un autre facteur de risque. La corrélation entre le fait de fumer, la lumière intense, l'âge et la DMLA, laisse supposer que la maladie serait la conséquence d'un excès de radicaux libres. Or, les fruits et les légumes sont riches en antioxydants, qui sont reconnus pour les neutraliser.

Une exposition excessive à la lumière intense
Une exposition répétée à la lumière intense pourrait aussi jouer un rôle dans l'apparition de la maladie. Surtout la lumière bleue, qui fait partie du spectre de la lumière solaire et qui est réfléchie sur la neige ou sur l'eau. La lumière intense donne plus de travail aux photorécepteurs et les amène du même coup à produire plus de déchets. L'épithélium pigmentaire rétinien, qui est responsable de l'élimination de ces déchets, pourrait être débordé par l'ampleur de la tâche.

L'obésité

Des études ont montré que les personnes obèses courent plus de risques de développer la DMLA. D'autre part, une alimentation riche en gras saturés et en gras trans augmente aussi le risque.

L'iris bleu ou de couleur claire

Selon certaines études, les iris de couleur claire – bleus, verts ou pers – augmentent les risques, car ils contiennent moins de pigments et laissent entrer plus de lumière que les iris foncés. Or, une exposition prolongée et répétée à la lumière intense pourrait contribuer à l'apparition de la maladie.

D'autres maladies existantes

Une hypertension qui n'est pas traitée, l'artériosclérose, un taux de cholestérol élevé et des antécédents familiaux de maladie cardiaque figurent aussi parmi les facteurs de risque.

Une chirurgie de la cataracte

Selon certains chercheurs, une chirurgie de la cataracte pourrait aggraver une DMLA existante. Par contre, d'autres scientifiques ne croient pas à cette possibilité. De nouvelles études seront nécessaires pour tirer tout cela au clair.

TÉMOIGNAGE

Prénom: Jean	**Âge**: 58 ans

Profession: représentant

À 58 ans, Jean était représentant pour un important fabricant de portes et fenêtres. En allant faire quelques achats au supermarché de son quartier, après sa journée de travail, il s'est aperçu qu'il avait de la difficulté à lire le prix indiqué sur les aliments. Mettant cela sur le compte de la fatigue, Jean a attendu de constater que sa vue ne s'améliorait pas et qu'il avait besoin de plus lumière pour lire avant de prendre un rendez-vous chez l'optométriste. « Je n'ai pas été très surpris d'apprendre que j'étais atteint de DMLA puisque mon père et mon frère avaient reçu le même diagnostic avant moi », confie-t-il.

Jean a été adressé à un ophtalmologiste, qui a fait un examen du fond de l'œil et une angiographie rétinienne avant de lui annoncer qu'il s'agissait d'une DMLA sèche et qu'il était à risque de développer la forme humide de la maladie. « Mes antécédents familiaux et la présence de drusen sur mes maculas le confirmaient », dit-il.

Son médecin l'a donc convaincu de mettre toutes les chances de son côté en cessant de fumer, en changeant d'habitudes alimentaires et en prenant quotidiennement un supplément de vitamines (sans bêtacarotènes). « Je tenais à préserver ma vue le plus longtemps possible afin de pouvoir continuer à travailler et j'ai donc suivi toutes les recommandations de mon ophtalmologiste. Le plus difficile a été de cesser de fumer, mais j'y songeais déjà depuis longtemps. » Grâce à son nouveau mode de vie, Jean a diminué les risques de voir sa DMLA sèche devenir humide. « Et je me sens tellement plus en forme ! », ajoute-t-il.

CHAPITRE 4
LE DIAGNOSTIC

Plusieurs intervenants peuvent jouer un rôle dans l'évaluation et le suivi des problèmes oculaires et optiques. L'optométriste et l'ophtalmologiste sont tous les deux qualifiés pour détecter la présence d'une DMLA. Ce diagnostic ne pourra être établi que sur la base d'un examen du fond de l'œil. Ensuite, pour préciser s'il s'agit d'une forme de DMLA sèche ou humide et déterminer les traitements appropriés, l'ophtalmologiste aura recours à certains tests, en clinique privée ou à l'hôpital.

LE DÉPISTAGE PRÉCOCE

Le dépistage précoce de la DMLA est primordial afin d'instaurer un traitement le plus tôt possible lorsque cela est indiqué.

Le fait de percevoir une ligne droite comme une ligne courbe (métamorphopsie) est souvent un des symptômes précoces de la DMLA de type humide, surtout lorsque cela se produit subitement. La personne atteinte de DMLA de type humide tend également à voir une ou des taches floues ou sombres en raison de la présence de sang ou de fluides sous la macula. Ces symptômes peuvent aussi accompagner la forme sèche avancée de la DMLA lorsque des parties de la macula s'atrophient.

Les personnes qui constatent cette transformation sont vivement encouragées à consulter rapidement un médecin.

On ne rappellera jamais assez l'importance de ne pas négliger les examens visuels, même si la vue ne semble pas avoir baissé. Des changements liés à la DMLA peuvent être décelés au cours d'un examen de routine des yeux, avant même l'apparition de symptômes.

L'EXAMEN COMPLET DES YEUX

Lors de l'examen des yeux, un technicien ou un spécialiste de la vue (optométriste ou ophtalmologiste) note les problèmes de santé antérieurs et effectue certains tests. Le patient sera soumis à différentes étapes avant l'examen du fond de l'œil.

Le questionnaire sur la santé générale et oculaire

En plus des symptômes récents, il est important de connaître l'état de santé du patient (diabète, hypertension, maladies cardiaques, allergies, etc.), ses antécédents familiaux, les traitements qu'il suit ainsi que les médicaments qu'il prend.

Le test d'acuité visuelle

La vision est mesurée à l'aide d'une échelle d'acuité visuelle appelée « échelle de Snellen ». Celle-ci est constituée de lettres ou de dessins disposés sur des lignes et d'un format de plus en plus petit. Le spécialiste de la vue se réfère à cette échelle pour parler d'un gain ou d'une perte de « ligne d'acuité visuelle ».

La mesure de l'acuité visuelle porte sur la qualité de la vision centrale, laquelle permet de bien discerner les détails. Cette mesure n'est pas exprimée en pourcentage, mais en fraction.

La vision normale est de 6/6 (en mètres) ou de 20/20 (en pieds). Le premier chiffre de cette fraction indique la distance qui sépare le patient de l'échelle de Snellen, alors que le deuxième chiffre indique la distance à laquelle la moyenne des gens sans déficience visuelle doivent être capables de lire la ligne de lettres qui apparaît sur l'échelle.

LA DÉFICIENCE VISUELLE

Toute personne dont l'acuité visuelle avec une correction optique adéquate est inférieure à 6/21 (ou 20/70) présente une importante déficience visuelle. Cela signifie qu'elle peut voir à 6 mètres (ou à 20 pieds) un objet qui est habituellement perçu à 21 mètres (ou à 70 pieds) par quelqu'un qui a une vision parfaite.

Si la vision centrale est de 6/60 (20/200) ou moins, on parle de « cécité légale » ou de « cécité au sens de la loi ».

L'examen des yeux

L'examen des yeux permet de détecter les autres causes de baisse de la vue comme les cataractes, le glaucome et d'autres maladies de l'œil. Il comprend l'examen externe de l'œil et de ses annexes (paupières, glandes lacrymales, conduits lacrymaux), l'examen de la motilité oculaire (œil qui dévie, excès de mouvements, etc.), l'examen au biomicroscope (qui permet de détecter la présence d'une cataracte, d'hémorragies dans le vitré, etc.) et la prise de la tension oculaire.

QUI FAIT QUOI?

• L'opticien fait fabriquer et vend des verres correcteurs selon la prescription établie par l'optométriste ou l'ophtalmologiste. Il ne fait pas l'examen des yeux.

• L'optométriste est un professionnel de la vue non-médecin qui est souvent la première personne consultée en cas de problème affectant la vision. À la suite de l'examen clinique des yeux, il pourra identifier certains problèmes oculaires ou optiques, prescrire et/ou vendre des lunettes et, au besoin, adresser le patient à un ophtalmologiste.

• L'ophtalmologiste est un médecin. De par sa formation, il est en mesure de faire une évaluation complète de la fonction visuelle, de poser des diagnostics, d'appliquer le traitement médical et chirurgical des maladies et des anomalies de l'œil ainsi que de ses annexes (paupières, glandes lacrymales, conduits lacrymaux).

L'examen du fond de l'œil

Le diagnostic de la DMLA est posé par un optométriste ou un ophtalmologiste à la suite d'un examen du fond de l'œil, qui permet d'évaluer l'état de la rétine. Cet examen peut se faire de différentes façons : à l'aide d'un ophtalmoscope ou d'un biomicroscope (ou lampe à fente) avec ou sans verre de contact. La pupille du patient doit être dilatée.

L'examen du fond de l'œil est indolore. Il permet d'observer les signes caractéristiques de la DMLA, comme la présence de drusen, d'irrégularités de la couche profonde de la rétine ou de lésions plus graves (altérations de l'épithélium pigmentaire, hémorragies ou dépôts de lipides). Il permet également d'observer les caractéristiques des drusen, à savoir s'ils sont bien circonscrits ou mal définis et s'ils sont nombreux. Ces informations permettront, le plus souvent, de déterminer si la DMLA est de forme sèche ou humide et donc de prendre une décision quant au suivi. (*Figure* ❶).

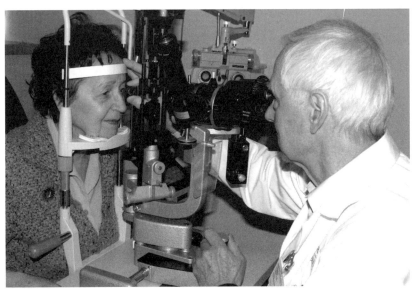

❶ Examen au biomicroscope

L'AUTOFLUORESCENCE DU FOND DE L'ŒIL

Cet examen est peu utilisé, mais il peut fournir à l'ophtalmologiste des précisions sur l'évolution d'une DMLA sèche.

Son principe s'appuie sur le fait que certaines substances ont la propriété d'émettre une fluorescence. C'est notamment le cas de la lipofuscine (pigment cellulaire composé de débris de molécules), qui est naturellement présente dans le fond de l'œil. On la trouve tout particulièrement dans l'épithélium pigmentaire.

Cette fluorescence est exagérément présente dans la DMLA sèche et disparaît totalement en cas de perte de l'épithélium pigmentaire dans les zones atrophiques (DMLA atrophique).

Lors de l'examen, on envoie une lumière sur le fond de l'œil. Le tissu émet alors une fluorescence et l'on procède à la prise de photos du fond d'œil en autofluorescence à l'aide de différents appareils d'angiographie équipés d'un filtre spécial. Pour cela, il est nécessaire de dilater la pupille.

L'ANGIOGRAPHIE RÉTINIENNE

L'angiographie rétinienne est une technique d'évaluation de la circulation sanguine de la rétine par l'injection par voie intraveineuse d'un colorant (fluorescéine ou vert d'indocyanine) qui permet de préciser la nature sèche ou humide de la DMLA (*Figure* ❷). Elle confirme aussi la présence de néovaisseaux et détermine leur étendue et leur localisation. S'ils sont sur l'EPR et facilement identifiables, ils sont appelés néovaisseaux classiques. S'ils se trouvent sous l'EPR et sont mal définis, on les qualifie d'occultes.

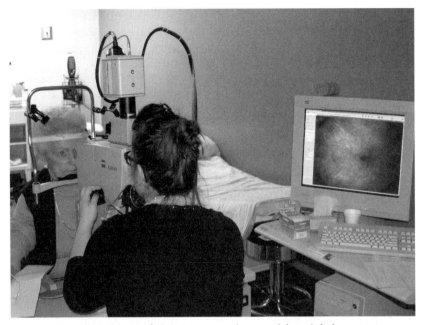

Appareil utilisé pour faire une angiographie rétinienne

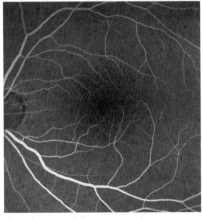

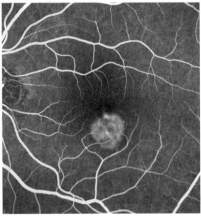

Angiographie normale

Angiographie anormale
(néovaisseaux)

❷

Comme pour l'examen du fond de l'œil, les pupilles sont dilatées à l'aide d'un collyre. Après son injection dans une veine de l'avant-bras ou de la main, le colorant se rend rapidement à l'œil et colore les vaisseaux du fond de l'œil. Le photographe ophtalmique ou le technicien prend alors une série de clichés à l'aide d'un appareil photo (rétinographe) muni de filtres spéciaux.

C'est la fluorescéine qui est le plus fréquemment employée et l'examen ne dure que quelques minutes. L'utilisation du vert d'indocyanine est rarement nécessaire. Lorsqu'il est indiqué, ce colorant permet de faire l'évaluation de couches plus profondes (choroïde).

Les effets secondaires des produits colorants

Les effets secondaires de l'angiographie sont rares et généralement bénins. La fluorescéine peut provoquer des nausées, des vertiges et parfois des vomissements. Cela se produit dans les minutes qui suivent l'injection et disparaît tout aussi rapidement.

Les fortes réactions allergiques à la fluorescéine (anaphylaxie) sont extrêmement rares.

Le passage de la fluorescéine dans la circulation sanguine colore en jaune orangé la peau et le blanc des yeux. Cette coloration apparaît quelques minutes après l'injection du colorant et disparaît en quelques heures. L'urine aura la même couleur pendant environ 24 heures.

Le vert d'indocyanine est bien supporté et ne provoque ni nausée ni vomissement. Il est cependant contre-indiqué chez les personnes allergiques à l'iode puisqu'il en contient. Enfin, on déconseille de l'utiliser dans les trois premiers mois de la grossesse.

À noter que le vert d'indocyanine colore les selles en vert.

DILATATION DE LA PUPILLE

Un bon examen du fond de l'œil, une angiographie rétinienne et une autofluorescence du fond de l'œil exigent de procéder à la dilatation de la pupille. On instille dans l'œil des gouttes qui permettent d'obtenir l'ouverture de la pupille. Une période d'attente d'environ 15 minutes est nécessaire pour que leur effet maximal soit atteint. Cette procédure n'est pas douloureuse, mais les yeux peuvent être sensibles à la lumière et la vision de près peut être trouble pendant quelques heures. Il est donc recommandé d'apporter une paire de lunettes de soleil et d'être accompagné ou de prendre des dispositions pour son retour à la maison. Il est déconseillé de conduire dans les heures qui suivent l'examen.

LA TOMOGRAPHIE EN COHÉRENCE OPTIQUE (OCT)

La tomographie en cohérence optique peut être comparée à un scanneur à ultrasons, à la différence que le son est remplacé par de la lumière. L'instrument mesure la vitesse et le temps mis par la lumière pour traverser les milieux oculaires et la rétine avant d'être réfléchie par les différents tissus et structures. Ces mesures permettent d'obtenir des images en coupe des tissus du fond de l'œil, des couches superficielles aux couches plus profondes.

Cet examen permet d'évaluer l'épaisseur de la rétine. En quelques minutes, sans injection et sans douleur, on peut visualiser un œdème de la macula, dû à l'accumulation de liquide ou de sang, et le localiser avec précision à l'intérieur ou sous la rétine.

L'OCT est couramment utilisée pour le diagnostic et le suivi des personnes atteintes de DMLA. Elle est très utile pour évaluer l'efficacité des traitements. Cet appareil donne des informations différentes de celles que fournit l'angiographie, mais complémentaires (*Figure* ❸).

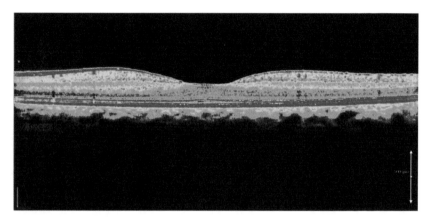

OCT normale

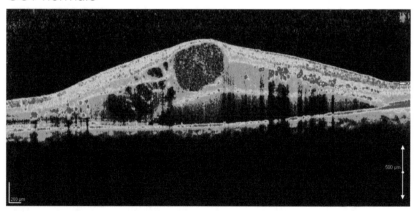

OCT anormale

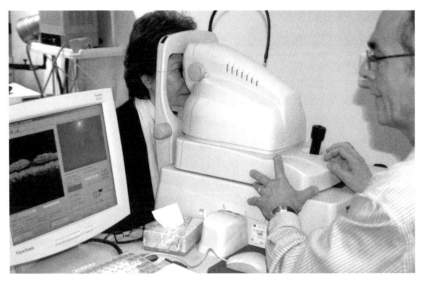

Appareil utilisé pour faire une tomographie
en cohérence optique (OCT)

L'ÉCHOGRAPHIE

L'échographie de l'œil est rarement nécessaire dans les cas de DMLA. Elle peut s'avérer utile lorsque l'opacité des milieux (hémorragie ou cataracte) empêche de bien évaluer le fond de l'oeil à l'aide des autres examens.

TÉMOIGNAGE

Prénom: Marc	**Âge:** 56 ans

Profession: comptable

À 56 ans, Marc se tenait en forme en faisant régulièrement de l'exercice. Son activité de comptable exigeait qu'il utilise constamment ses yeux pour lire des documents et travailler à l'ordinateur pendant de longues heures. « C'est en constatant que j'avais plus de difficulté à lire les très petits caractères que j'ai décidé d'aller consulter mon optométriste pour faire vérifier la prescription de mes lunettes », raconte-t-il.

À l'examen, son professionnel de la vue a constaté que la correction était parfaite pour la vision de loin, mais qu'un ajustement était nécessaire pour la vision de près. Au cours de la même visite, Marc a subi un examen du fond de l'œil. Par précaution, l'optométriste l'a envoyé chez un ophtalmologiste. « Ma conjointe m'a accompagné, car la secrétaire m'avait prévenu qu'on allait me dilater les pupilles et que je ne pourrais pas conduire pour rentrer chez moi. Ne sachant pas à quoi m'attendre, je craignais que l'examen soit douloureux et j'étais anxieux. Mais l'ophtalmologiste a procédé à un examen du fond de l'œil et à une angiographie rétinienne, ce qui n'a pris que quelques minutes et a été totalement indolore. »

Le diagnostic a été un début de DMLA sèche. « Sur le coup, j'étais dévasté par la nouvelle, car je pensais que j'allais devenir aveugle. Mais l'ophtalmologiste m'a rassuré en me disant que mon problème était bénin et qu'il me suffirait de prendre des suppléments vitaminiques », confie-t-il.

Marc n'a rien eu d'autre à changer dans ses habitudes de vie. Il fait régulièrement vérifier ses yeux et il sait qu'en cas de baisse subite de sa vue, il devra rapidement consulter l'ophtalmologiste pour recevoir des traitements médicaux au besoin.

CHAPITRE 5
LA PRÉVENTION
ET LES TRAITEMENTS

Depuis une dizaine d'années, la recherche sur la DMLA fait des bonds de géant. Même si les scientifiques n'ont pas encore toutes les réponses, on comprend mieux la maladie. Mais on n'est toutefois pas encore en mesure de la guérir. Par contre, comme le diagnostic de DMLA est posé de plus en plus tôt, on peut parfois retarder la progression de la forme sèche. Pour la forme humide, on dispose maintenant de traitements beaucoup plus performants pour stabiliser la vision et parfois même l'améliorer.

PRÉVENIR LA DMLA OU RETARDER SA PROGRESSION

Lorsqu'un membre de notre famille est atteint de DMLA, on se demande ce qu'on peut faire pour éviter d'être atteint à son tour. Et si on a reçu un diagnostic, on veut mettre toutes les chances de son côté pour conserver une bonne vue. Évidemment, on ne peut pas changer son bagage génétique. Par contre, on peut agir sur les facteurs de risque « modifiables » qui favorisent l'apparition de la maladie ou sa progression. Des études ont mis en lumière certaines habitudes de vie susceptibles de diminuer les risques.

Cesser de fumer
On observe beaucoup moins de DMLA chez les non-fumeurs que chez les fumeurs. Ne pas fumer limiterait sans doute le risque d'être atteint de DMLA ou la progression de la maladie.

Il existe divers moyens efficaces de cesser de fumer. Pour en savoir plus, on peut consulter son médecin de famille ou son pharmacien.

Avoir une bonne alimentation
C'est prouvé : les gens dont l'alimentation est riche en antioxydant – particulièrement en légumes vert foncé comme les épinards – sont moins atteints par la DMLA. À l'inverse, on a observé que les personnes atteintes de DMLA ont un taux 32 % moins élevé de lutéine maculaire – un pigment jaune présent dans la macula – que les personnes qui n'en sont pas atteintes. De plus, dans une récente et importante étude, les personnes dont l'alimentation est riche en lutéine avaient un risque significativement moins élevé de développer une DMLA

OÙ TROUVE-T-ON LES ANTIOXYDANTS ?

La lutéine et la zéaxanthine

La lutéine et la zéaxanthine sont deux antioxydants de la famille des caroténoïdes. On les trouve dans le chou vert frisé, l'épinard, le basilic, le persil, les pois, la courgette, le poireau, la laitue, le brocoli, le maïs, le chou de Bruxelles et l'asperge.

Les vitamines antioxydantes

- La vitamine C : dans les agrumes (orange, citron, pamplemousse), le kiwi, le brocoli, la fraise ou les poivrons (jaunes, verts, rouges).
- La vitamine E : dans le germe de blé, les noix, le beurre d'arachide, les graines de tournesol, la papaye ou l'avocat.
- Le bêtacarotène : dans la ciboulette, le persil, l'échalote, la patate douce, le chou vert frisé, la citrouille, les épinards, les pois et la carotte.

Les minéraux antioxydants

- Le zinc : dans les huîtres, le chocolat amer, le bœuf, le veau et l'agneau.
- Le cuivre : dans le foie de veau, de bœuf ou d'agneau, les huîtres, le chocolat amer, le homard et les noix.
- Le sélénium : dans les rognons de porc, d'agneau ou de bœuf, la morue, les moules, le thon, le maquereau, la farine de blé, les anchois, le bacon grillé, l'espadon et la sardine.

humide. Enfin, les gens dont l'alimentation comporte suffisamment de zinc – un oligoélément présent en quantités appréciables dans la viande, les fruits de mer, le poisson et les noix – seraient moins atteints de DMLA que les autres.

Prendre des oméga-3

Aucune étude n'a clairement démontré de bienfaits associés à la prise d'oméga-3 chez les personnes atteintes de DMLA. Cependant, les oméga-3, et en particulier le DHA (ou acide docosahexaénoïque, un acide gras du groupe des oméga-3), sont des composants importants des cellules de la rétine. D'autre part, on a observé une prévalence moins importante de DMLA chez les personnes qui en prennent.

Éviter les gras saturés et les gras trans

On associe souvent la consommation de gras saturés et de gras trans à des problèmes vasculaires. Ces deux types de gras pourraient donc avoir un impact sur la progression de la DMLA.

Les gras saturés se trouvent surtout dans la viande et les produits tirés de l'animal : beurre, crème, saindoux, graisse animale, de même que dans certains produits tirés des végétaux comme l'huile de noix de coco et l'huile de palme.

Les gras trans sont obtenus à partir d'huiles végétales insaturées (le plus souvent de soya, de maïs ou de canola). Ils permettent de confectionner des margarines plus ou moins solides à la température ambiante et qui ont une longue durée de conservation, ainsi que des matières grasses qui peuvent tolérer de hautes températures de cuisson.

Ces gras trans augmenteraient aussi le risque de développer une DMLA. On les trouve surtout dans les aliments frits du commerce et les produits de boulangerie contenant du shortening ou des huiles partiellement hydrogénées : biscuits, craquelins, beignets, gâteaux, pâtisseries, muffins, croissants, grignotines et aliments frits ou panés. Attention aux gaufres, crêpes, nouilles orientales, poudings en format collation, maïs à éclater, croustilles et barres de céréales ! Il faut bien lire les étiquettes et rechercher la mention « sans gras trans ».

Protéger ses yeux de la lumière intense

La lumière intense, qu'elle soit naturelle ou artificielle, augmente le travail de l'épithélium pigmentaire rétinien et des photorécepteurs. Il faut porter des lunettes de soleil afin d'éviter autant que possible d'être ébloui par la lumière sur de longues périodes, notamment par les reflets sur la neige, le sable ou l'eau.

Éviter l'excès de poids

Un poids excessif est aussi associé à un risque accru de DMLA. Il faut privilégier l'exercice régulier et suivre les recommandations du *Guide alimentaire canadien*. Du même coup, on prend soin de son cœur.

Faire régulièrement un examen de la vue

La Société canadienne d'ophtalmologie recommande un examen des yeux par un ophtalmologiste ou par un optométriste tous les :

- 5 ans si on a entre 41 et 55 ans
- 3 ans si on a entre 55 et 65 ans
- 2 ans après l'âge de 65 ans

Pour les personnes atteintes de DMLA, c'est l'ophtalmologiste ou l'optométriste qui détermine la fréquence des consultations.

Contrôler les maladies cardiovasculaires

Les problèmes cardiovasculaires pourraient jouer un rôle aggravant dans la DMLA. Des affections comme l'hypertension, l'artériosclérose, un taux de cholestérol élevé ou les maladies cardiaques doivent faire l'objet d'un suivi par le médecin de famille.

Utiliser la grille d'Amsler

La grille d'Amsler est un carré composé de fines lignes quadrillées qui permettent de surveiller l'apparition de la métamorphopsie, cette distorsion visuelle qui se manifeste par une ondulation des lignes droites. Or, ce symptôme peut être un indice que la DMLA progresse vers un stade plus avancé.

Ce test est très sensible. Si on fixe la grille trop longtemps, la vision finit par s'embrouiller, quel que soit l'état de notre macula. Le test ne devrait prendre que quelques secondes ; on regarde la grille un œil à la fois, en fermant l'autre œil avec la main. Si les lignes droites se courbent ou deviennent floues, il faut communiquer sans tarder avec un spécialiste de la vue. C'est au médecin ou à l'optométriste de déterminer, compte tenu du stade de DMLA de leur patient, le rythme d'utilisation de la grille d'Amsler. (*Figure* ❶)

Prendre des suppléments alimentaires

Dans le cas des personnes souffrant de DMLA sèche de stades intermédiaire et avancé, l'étude AREDS (Age-Related Eye Disease Study, publiée en 2001 par le National Eye Institute des États-Unis) a montré que la consommation de certaines quantités de vitamines E et C, de bêtacarotène et de zinc diminue la probabilité de développer une forme plus avancée de la maladie. Pour les

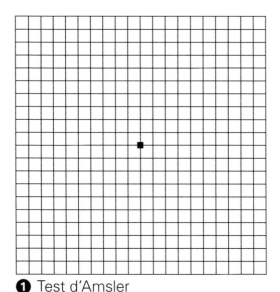

❶ Test d'Amsler

sujets du groupe de l'étude qui prenaient des suppléments alimentaires, le risque de voir leur DMLA sèche s'aggraver ou se transformer en DMLA humide a diminué de 25 % par rapport au groupe des sujets qui n'en prenaient pas. La perte de vision centrale attribuable à la maladie a aussi baissé de 19 %. Il est donc fortement conseillé aux personnes atteintes de prendre régulièrement des suppléments alimentaires, sauf avis contraire de leur médecin.

Attention, cependant ! On a observé une incidence accrue du cancer du poumon chez les fumeurs qui prennent des suppléments de bêtacarotène.

Le médecin et l'optométriste sont les mieux placés pour recommander les suppléments vitaminiques formulés à partir des conclusions de l'étude AREDS. Ces comprimés sont spécialement conçus pour les personnes atteintes de DMLA de stade intermédiaire ou avancé, car leur dosage est beaucoup plus élevé que celui des multivitamines standard. L'étude AREDS n'a pas démontré qu'un tel dosage était bénéfique pour les personnes non atteintes ou atteintes d'une DMLA sèche précoce. Par ailleurs, il est toujours recommandé de vérifier avec le pharmacien les possibles interactions avec d'autres médicaments.

Deux autres antioxydants feront partie des conclusions de la prochaine étude AREDS, dont les résultats seront connus en 2012 : la lutéine et la zéaxanthine, des caroténoïdes naturellement présents dans la macula. Ces pigments agissent comme un filtre qui absorbe la majeure partie de la lumière bleue avant qu'elle n'atteigne les photorécepteurs. En attendant les résultats de cette étude prospective, plusieurs fabricants incorporent déjà la lutéine et la zéaxanthine dans la formulation de leurs suppléments alimentaires. En plus de ces antioxydants, les compagnies pharmaceutiques ajoutent maintenant des oméga-3 dans leur formulation.

LE TRAITEMENT DE LA FORME SÈCHE

Pour la DMLA sèche, les chercheurs n'ont pas encore réussi à mettre au point des traitements efficaces. Certaines tentatives – comme utiliser le laser pour éliminer les drusen – n'ont pas donné de résultat. Par contre, des recherches intensives sont menées et des découvertes majeures devraient être annoncées dans un proche avenir (*voir Chapitre 7*). À l'heure actuelle, si on est atteint de DMLA sèche, le meilleur moyen de préserver la qualité de sa vision demeure la prévention, en adoptant de bonnes habitudes de vie. Et si on souffre d'une forme intermédiaire ou avancée de la DMLA, on doit prendre des suppléments alimentaires formulés sur la base des résultats de l'étude AREDS pour limiter la progression de la maladie.

ATTENTION AUX FAUX ESPOIRS !

Ozonothérapie, magnétothérapie, herbes médicinales, rééquilibrage énergétique, transplantation de tissu adipeux dans l'œil... Malgré tout ce qu'elles promettent, ces thérapies n'ont, à l'heure actuelle, aucune valeur scientifique dans le traitement de la DMLA. Il en est de même pour l'acupuncture, la rhéophérèse et l'homéopathie. Elles n'améliorent pas la vision et ne guérissent pas la DMLA. Un traitement doit être prouvé scientifiquement et testé cliniquement avant d'être prescrit à des patients. Quand quelqu'un propose une thérapie extraordinaire dont aucun médecin n'a entendu parler, on devrait se méfier. Si un remède miracle est découvert, le médecin sera parmi les premiers à le savoir !

LES TRAITEMENTS DE LA FORME HUMIDE

Le laser

Pour la forme humide, les traitements ont beaucoup évolué au cours de la dernière décennie. Jusqu'au début des années 2000, le principal traitement utilisé était la photocoagulation des néovaisseaux par le laser. Le laser émet une lumière qui est absorbée par la rétine et transformée en chaleur. Résultat : les néovaisseaux coagulent et cessent de perdre du fluide et du sang. Malheureusement, le laser provoque aussi une brûlure qui laisse une cicatrice dans la macula, ce qui cause une perte de vision à l'endroit traité. De plus, le laser brûle non seulement les néovaisseaux, mais aussi les cellules saines qui sont situées tout autour.

Et puis, ce traitement détruit effectivement les néo-vaisseaux existants, mais, dans 50 % des cas, d'autres néovaisseaux font leur apparition. Pour ces deux raisons, le laser n'est pratiquement plus utilisé pour traiter la DMLA humide. On l'emploie par contre avec succès pour traiter d'autres maladies de l'œil, comme la rétinopathie diabétique.

La thérapie photodynamique (TPD)

Mis au point au début des années 2000, ce traitement combine un rayon laser non thermique et un médicament photosensibilisant. Voici comment se déroule l'intervention : on injecte au patient, pendant 10 minutes, par voie intraveineuse, de la vertéporfine (Visudyne^MD) – un médicament photosensibilisant. Ce médicament se répand dans tous les vaisseaux du corps et en particulier dans les néovaisseaux de la rétine. Ensuite, le médecin instille une goutte anesthésiante dans l'œil du patient pour diminuer l'inconfort, puis il y installe une lentille spéciale pour lui permettre de bien voir la région à traiter.

Cinq minutes après la fin de l'injection par voie intraveineuse, le médecin active un rayon laser froid (non thermique) qui va illuminer pendant 83 secondes la vertéporfine présente dans les néovaisseaux. Le traitement scelle les néovaisseaux en provoquant une photothrombose. En d'autres termes, un caillot se forme dans les néovaisseaux et les bouche, mais sans détruire la vision. L'intervention ne cause habituellement aucune douleur.

Pendant les 48 heures qui suivent le traitement, le patient est plus sensible à la lumière forte et aux rayons du soleil. S'il va à l'extérieur, il doit porter un chapeau, des lunettes de soleil et des vêtements couvrant toute la peau pour éviter la photosensibilité. Il est conseillé de rester le plus possible à l'intérieur et d'éviter les sources de lumière forte, comme les lampes halogènes.

L'efficacité de la thérapie photodynamique est reconnue. Le problème est que, comme avec le laser, la destruction de néovaisseaux existants n'empêche pas les récidives puisque le facteur de croissance de l'endothélium vasculaire (VEGF) continue à stimuler leur prolifération. D'où la nécessité de recommencer le traitement tous les trois mois.

À l'heure actuelle, la thérapie photodynamique est rarement utilisée seule pour traiter la DMLA humide. On utilise plutôt de nouveaux médicaments : les antiangiogéniques. Des études sont en cours pour mesurer l'efficacité d'un traitement combinant la thérapie photodynamique et les antiangiogéniques.

Les antiangiogéniques

À la fin de 2004, des chercheurs ont fait une percée majeure dans le traitement de la DMLA humide. Grâce à la mise au point des antiangiogéniques – des médicaments qui empêchent la formation de néovaisseaux –, on allait enfin pouvoir neutraliser le facteur de croissance de l'endothélium vasculaire (VEGF). Pour bloquer le développement de néovaisseaux, les antiangiogéniques sont injectés directement dans l'œil. Trois d'entre eux sont actuellement à notre disposition pour traiter la DMLA humide : le ranibizumab (Lucentis[MD]), le pegaptanib (Macugen[MD]) et le bévacizumab (Avastin[MD]). Sur les trois médicaments, seuls le ranibizumab (Lucentis[MD]) et le pegaptanib (Macugen[MD]) ont fait l'objet d'études cliniques avec groupe témoin (une étude dans laquelle un groupe prend le médicament et l'autre non) pour évaluer leur efficacité et leur innocuité. Ces études ont aussi clairement démontré la supériorité du ranibizumab (Lucentis[MD]) pour préserver et même augmenter l'acuité visuelle des patients traités pour une DMLA humide.

Le traitement consiste habituellement en une série de trois ou quatre injections mensuelles, suivies d'une autre série d'injections dont la fréquence est fonction de l'évolution de l'état du patient. Jusqu'à présent, les meilleurs résultats ont été obtenus avec des injections mensuelles pendant deux ans. Actuellement, on essaie de trouver des moyens de diminuer le nombre d'injections.

Comment se déroule le traitement ?

Avant tout, pour réduire le risque d'infection, on demande aux patients de ne pas se maquiller le jour de l'intervention. Avant l'injection, le patient est parfois soumis à un test d'imagerie (OCT) pour permettre au médecin d'évaluer l'état de sa rétine. Puis on désinfecte l'œil et on l'anesthésie à l'aide d'une goutte ou par injection. On place ensuite un écarteur à paupières pour maintenir l'œil bien ouvert, puis on fait l'injection à travers le blanc de l'œil. La procédure n'est pas douloureuse et elle est bien tolérée par les patients. Après l'injection, il est normal d'avoir un léger épanchement sanguin sous la conjonctive de l'œil ou d'avoir l'œil irrité. Pour éviter l'infection, le patient devra utiliser des gouttes antibiotiques pendant quelques jours. Il pourra retourner au travail dès le lendemain.

Des résultats encourageants

Les études cliniques menées sur le ranibizumab (Lucentis[MD]) montrent qu'après deux ans de traitements mensuels la vision de 9 patients sur 10 s'est stabilisée et que plus de 1 sur 3 a gagné trois lignes et plus de vision sur l'échelle de Snellen (*voir Chapitre 4*). À la fin de l'étude, 40 % des patients souffrant de DMLA humide avaient maintenu une acuité visuelle suffisante pour pouvoir conserver leur permis de conduire.

Ce qui est certain, c'est que meilleure est l'acuité visuelle au départ, plus petite est la lésion et moins elle touche la fovéa, qui est le centre de la macula, meilleures sont les chances de succès du traitement.

Les traitements combinés

Des traitements combinés associant la thérapie photodynamique, des antiangiogéniques et, parfois, des stéroïdes (une forme de cortisone) sont quelquefois utilisés pour traiter les personnes atteintes de DMLA humide. L'intérêt de ces traitements est de réduire les interventions et le nombre de visites chez le médecin tout en stabilisant la vision. Des études sont en cours pour vérifier si ces traitements combinés permettraient aux patients de garder la même acuité visuelle qu'avec le traitement par le ranibizumab (Lucentis[MD]) seul, mais avec beaucoup moins d'injections. Il faut retenir que le type et la fréquence des traitements seront personnalisés selon l'âge de la personne atteinte de DMLA humide, son état général, l'état de son autre œil, sa capacité de déplacement et d'autres critères.

La radiothérapie

Des études associant la radiothérapie et les injections d'antiangiogéniques sont en cours, mais rien ne justifie, pour le moment, l'application clinique de cette forme de traitement.

Les interventions chirurgicales

Aucune opération ne peut guérir la DMLA humide et il est très rare que l'on ait recours à la chirurgie pour traiter la maladie, sauf en cas d'hémorragies importantes.

TÉMOIGNAGE

Prénom: Paul	**Âge:** 66 ans

Occupation: conducteur bénévole

À 66 ans, Paul était conducteur bénévole pour des personnes handicapées. Il avait une vision très réduite à l'œil droit à cause d'une DMLA sèche avancée et il avait 6/9 (20/30) à l'œil gauche à cause d'une DMLA sèche précoce. « Un matin, j'ai versé de l'eau à côté de mon verre et j'ai constaté une baisse subite de la vision de mon meilleur œil. J'ai également remarqué que ma vision des objets qui m'entouraient était déformée, raconte-t-il. Je n'ai pas perdu de temps et j'ai rapidement pris rendez-vous avec mon ophtalmologiste.»

Lors de l'examen, le médecin a constaté que la vision de l'œil gauche de Paul était tombée à 6/21 (20/70). « Il m'a alors annoncé que mon acuité visuelle ne me permettait plus de conduire, car elle ne correspondait plus aux exigences imposées par la loi, dit-il. J'étais vraiment déçu de devoir cesser mes activités de conducteur, que je faisais bénévolement depuis des années, confie-t-il. J'aimais me rendre utile et rencontrer des gens, et j'étais déterminé à tout faire pour trouver une autre activité qui comblerait mes besoins et me ferait sortir de chez moi.»

Paul a aussitôt entrepris une série de traitements consistant à recevoir des injections mensuelles de ranibizumab (Lucentis[MD]). Quelle ne fut pas sa joie de constater, après quelques injections, que sa vision s'était considérablement améliorée, au point d'avoir de nouveau le droit de conduire ! « Jamais je n'aurais cru cela possible. Je n'avais même pas eu le temps de me trouver une nouvelle activité bénévole. En quelques mois, j'avais retrouvé mes habitudes de vie et les personnes que je conduisais étaient ravies de me revoir derrière mon volant ! »

CHAPITRE 6

LA VIE AVEC LA DMLA

Lorsqu'on reçoit un diagnostic de DMLA, cela ne signifie pas qu'on est condamné à vivre enfermé chez soi. Certes, plus le stade de la maladie est avancé, plus celle-ci peut avoir un impact important sur les habitudes de vie et la capacité de fonctionner adéquatement. Cependant, de nombreuses aides optiques, électroniques et informatiques ainsi que des programmes de réadaptation visuelle permettront de surmonter les difficultés physiques et psychologiques pour conserver son autonomie.

Les services offerts dans les centres de réadaptation en déficience visuelle permettent de préciser la vision fonctionnelle d'une personne et de développer son autonomie pour la lecture, l'écriture et les déplacements. Selon le cas, ils lui permettent même de poursuivre ses études, de garder son emploi ou de trouver un emploi adapté.

LA RÉADAPTATION VISUELLE

Lorsque la déficience de la vision centrale est importante, le patient peut suivre un programme de réadaptation visuelle dans un centre spécialisé pour apprendre à utiliser sa vision résiduelle. Au Canada, les services de réadaptation visuelle peuvent être offerts gratuitement en fonction de certains critères d'admissibilité (champ de vision, acuité visuelle, etc.).

L'entraînement à la vision excentrique

Le programme permet tout d'abord d'apprendre à utiliser la vision excentrique (vision en dehors de la macula). Cet apprentissage est essentiel à la réadaptation des personnes présentant une DMLA puisqu'il est directement lié aux activités de la vie quotidienne, à la lecture et à l'écriture. Au lieu de regarder droit devant, la personne apprend, à l'aide de différents exercices et tests, à utiliser sa vision excentrique (ou périphérique). La fixation excentrique qui sera privilégiée pourra être latérale, supérieure ou inférieure selon l'atteinte de la rétine. Il faudra préalablement déterminer, au moyen de différents exercices, quel côté de la vision excentrique lui permet de voir le plus clairement les objets.

La réadaptation dure généralement plusieurs mois. Il est cependant impossible d'en déterminer la durée avec précision puisqu'elle varie selon la gravité de la DMLA, selon les besoins visuels de la personne et la rapidité avec laquelle elle assimilera les techniques enseignées. Au cours de cet apprentissage, il est possible d'éprouver de la fatigue ou des maux de tête, mais il est important de ne pas se décourager.

Au terme de cette période de réadaptation, la personne atteinte de DMLA aura maximisé sa vision existante.

ÉVITER D'ÊTRE ÉBLOUI

Les personnes atteintes de DMLA sont facilement éblouies par le soleil ou la réverbération de la lumière. L'usage de lunettes à « coque », qui offrent une protection latérale, est donc recommandé. Certains modèles comportent des filtres qui augmentent le contraste. Depuis quelques années, les fabricants s'efforcent d'en améliorer l'esthétique et les modèles proposés sont de plus en plus nombreux.

Lunettes à coque

LES AIDES VISUELLES ET AUTRES PRODUITS

Avoir une déficience visuelle ou la « vue basse » ne signifie pas qu'on est aveugle. Il est donc possible d'utiliser des aides optiques pour optimiser la vision restante.

Pour se procurer ces appareils et accessoires, certaines provinces ont mis sur pied des programmes d'aide. L'admissibilité est établie en fonction de divers critères, notamment l'acuité visuelle et le champ de vision, le niveau de revenu, le régime d'avantages sociaux et de retraite, l'âge et la situation professionnelle du demandeur. Des aides optiques peuvent être prêtées aux personnes admissibles ou achetées dans des boutiques spécialisées dans les produits adaptés.

L'optométriste (et plus rarement l'ophtalmologiste) recommande et prescrit des aides optiques en fonction de la vision résiduelle, des capacités et des besoins visuels d'une personne atteinte de DMLA. Certaines sont utilisées uniquement pour la vision de près, d'autres pour la vision de loin et d'autres encore sont polyvalentes. Toutes nécessitent cependant une période d'adaptation et d'apprentissage.

Les aides visuelles

Différents systèmes optiques visent à agrandir l'image au moyen de lentilles adaptées, pour la lecture ou l'écriture.

Les loupes

On en trouve de différentes formes, de différentes puissances et de différentes tailles. Certaines ont un système d'éclairage incorporé réglable. Il peut s'agir de loupes à main, de loupes sur pied, de loupes en forme de règle et de loupes de poche (*Figure* ❶).

Les lunettes électroniques

Ces lunettes légères fonctionnent à piles et peuvent grossir jusqu'à 50 fois de près et 30 fois de loin. On les utilise au théâtre, au cinéma ou devant la télévision et elles peuvent être transformées en loupe standard pour lire ou pour écrire. Elles transmettent une image en couleurs, agrandie en temps réel, de près comme de loin.

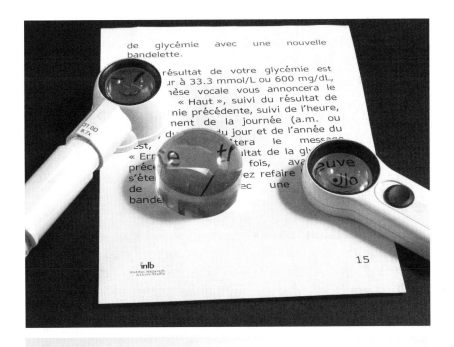

❶ Loupes et aides de grossissement pour la vision de près

Le télescope

Pour améliorer la vision à distance, il existe également un petit télescope que l'on place sur les lunettes, directement sur un verre ou sur les deux selon les besoins. Récemment, la FDA (Food and Drug Administration des États-Unis) a approuvé la greffe d'un appareil télescopique à l'intérieur de l'œil dans certains cas de DMLA très avancée. Ce télescope, qui n'est pas plus gros que la gomme à effacer d'un crayon, est greffé à la place du cristallin (*Figure* ❷).

Les télévisionneuses

Ces appareils utilisent la technologie vidéo et permettent d'augmenter la taille du lettrage d'un document à lire jusqu'à la grosseur souhaitée et de l'afficher sur un écran. Le contraste et la luminosité peuvent être ajustés. Les télévisionneuses sont munies d'un plateau sur lequel on pose le livre, la revue ou le document à lire et d'un écran situé au-dessus du livre où s'affiche le texte à la taille de caractères choisie par l'utilisateur. Elles peuvent également servir à écrire (*Figure* ❸).

Les systèmes informatiques

Différents logiciels permettent de lire ou d'écrire des documents à l'ordinateur :

Les logiciels de lecture d'écran

Ces logiciels convertissent des documents imprimés qui ont été numérisés (scannés), comme des livres et des articles de journaux, en documents électroniques pouvant être sauvegardés. Ces programmes peuvent même lire des textes électroniques à voix haute, grossir les caractères des textes affichés à l'écran et modifier le contraste des couleurs pour en améliorer la visibilité.

❷ Système télescopique binoculaire et monoculaire

❸ Télévisionneuse

Les logiciels de grossissement des caractères
Ces logiciels permettent de grossir des textes, des graphiques et des images affichés à l'écran d'un ordinateur. Certains logiciels permettent aussi de grossir le pointeur de la souris ou le curseur et d'autres permettent différentes puissances d'agrandissement (*Figure* ❹).

Les appareils et accessoires
De nombreux accessoires facilitent la vie de tous les jours, tels que des horloges et des téléphones à gros chiffres, des écrans grossissants pour téléviseur ou des thermostats à commande vocale.

L'AMÉNAGEMENT DU DOMICILE

Pour faciliter le maintien à domicile et pour préserver l'autonomie des personnes affectées par la DMLA, certains aménagements permettent d'améliorer leur confort et leur sécurité. Parfois, il s'agit simplement d'adapter l'éclairage pour que les lieux soient fonctionnels, car la personne atteinte de DMLA a besoin de plus d'éclairage pour augmenter les contrastes.

Le spécialiste en réadaptation de la déficience visuelle recommandera rarement à la personne de déménager, à moins que l'accès à son domicile ne présente des risques (s'il y a trop de marches, par exemple).

L'aménagement peut consister à mettre des bandes réfléchissantes sur les marches d'escalier pour indiquer le début et la fin de chaque marche, faciliter l'accès à la serrure ou indiquer sur la cuisinière les températures les plus utilisées au moyen de points de repère tactiles autocollants.

❹ Logiciel de grossissement des caractères

L'AMÉNAGEMENT DU LIEU DE TRAVAIL

Un diagnostic de DMLA ne signifie pas nécessairement que l'on va perdre son emploi. Les employeurs sont de plus en plus ouverts à l'idée d'aménager le lieu de travail, quand cela est possible, afin de garder leur employé. Au Québec, si une personne est admissible au programme d'aide gouvernementale, un spécialiste en réadaptation de la déficience visuelle ira même rencontrer son employeur pour l'aider à évaluer le poste de travail concerné. Des logiciels permettant de grossir l'affichage à l'écran des ordinateurs peuvent également être prêtés. Et, si la personne ne peut garder son emploi, des services d'orientation professionnelle et des programmes de formation lui sont offerts pour trouver un nouvel emploi.

LES DÉPLACEMENTS

Il faut savoir que toute personne qui vit avec une déficience visuelle a des besoins différents et éprouve des difficultés variables pour se déplacer.

Même avec une vue basse, les déplacements sont possibles, seul ou avec de l'aide, à pied, en taxi, en transports en commun ou avec le transport adapté.

À pied

Lorsque la déficience visuelle rend les déplacements à pied moins sécuritaires ou plus difficiles, il est possible de se munir d'une canne blanche ou d'être accompagné. Il n'est pas nécessaire d'avoir une canne blanche lorsqu'on est atteint de DMLA, mais certaines personnes se sentent rassurées de l'utiliser pour reconnaître les marches et les obstacles. D'autres souhaitent la prendre pour être identifiées publiquement comme des personnes ayant une déficience visuelle.

L'aide d'un proche peut se révéler pratique pour se déplacer dans des lieux que l'on ne connaît pas ou des lieux où il y a beaucoup de monde.

En transports en commun

De nombreuses personnes atteintes de DMLA prennent quotidiennement les transports en commun. Les déplacements en métro s'avèrent souvent plus difficiles qu'en autobus pour les personnes ayant une importante déficience visuelle. En effet, l'éclairage n'est pas le même d'une station de métro à l'autre, et l'accès est totalement différent, avec des couloirs et des escaliers de longueurs variables. Lorsque la personne effectue régulièrement le même trajet, elle réussit toutefois à enregistrer le parcours afin de bien en connaître les obstacles.

Pour ce faire, elle peut notamment bénéficier de l'aide d'un spécialiste en orientation et mobilité.

Toute personne dont l'acuité visuelle est de 6/60 ou 20/200 ou moins, ou dont le champ de vision est égal ou inférieur à 20 degrés, peut obtenir une carte d'identité INCA. Ce document d'identification lui donne droit à des rabais sur de nombreux services de transport en commun.

Certains organismes sans but lucratif offrent également des services de transport avec des conducteurs bénévoles munis de leur propre véhicule. Enfin, il ne faut pas hésiter à prendre un taxi ou le transport adapté si les autres moyens de se déplacer semblent compliqués.

En voiture

Il n'est pas impossible que, même avec une DMLA, la vision soit suffisante pour conduire un véhicule. Au Canada, il faut avoir une acuité visuelle d'au moins 6/15 (20/50) à son « meilleur » œil.

Il arrive que l'ophtalmologiste ou l'optométriste demande à un patient de rendre son permis de conduire. Mais si la vision s'améliore suffisamment à la suite du traitement, le permis pourra parfois être récupéré. Par ailleurs, mieux vaut éviter de conduire la nuit, lorsque les contrastes sont moins évidents et que les risques d'éblouissement sont plus importants. Un service de transport adapté est offert dans la plupart des régions du Canada.

L'AIDE DE LA FAMILLE

La DMLA risque d'avoir un impact psychologique majeur chez la personne qui en est atteinte. Non seulement parce qu'elle affecte sa mobilité et son autonomie, mais égale-ment l'image qu'elle a d'elle-même. Le soutien des proches est donc essentiel. Ces derniers, souvent bouleversés à l'annonce du diagnostic, pourront recevoir des conseils et des explications lors d'une visite chez l'optométriste ou l'ophtalmologiste, ou lors d'une rencontre avec un spécialiste en réadaptation.

Les amis et la famille d'une personne atteinte de DMLA sont également les premières personnes à vouloir l'aider dans son quotidien. Elles peuvent cependant avoir tendance à faire certaines choses à sa place, surtout lorsqu'elles ne savent pas ce que la personne atteinte peut faire seule. Il est préférable de proposer son aide à la personne, qui la refusera si elle n'en ressent pas le besoin, que de faire les choses à sa place.

Les réactions de l'entourage sont très importantes pour une personne atteinte de DMLA. Ces réactions peuvent influer sur son estime de soi et sa réadaptation. En effet, si elle sent que sa famille n'accepte pas son état, elle aura du mal à l'accepter elle-même et à faire les efforts nécessaires pour garder son autonomie. Pire encore, certaines réactions peuvent blesser son amour-propre et entraîner une dépression. C'est pourquoi il est très important que la famille et les amis soutiennent et encouragent une personne atteinte de DMLA.

LE SOUTIEN PSYCHOSOCIAL SPÉCIALISÉ

L'aspect émotif résultant d'une baisse de la vue est une des plus grandes difficultés à surmonter. Lorsqu'une personne apprend qu'elle est atteinte de DMLA, elle peut ressentir diverses émotions : choc, déni, colère, rage, tristesse. Ces émotions peuvent survenir dans n'importe quel ordre, à des degrés divers et pour des durées qui varient d'un individu à une autre. Certaines personnes revivent les différentes étapes du deuil de leur vision chaque fois qu'elles subissent un changement visuel, même si elles y sont préparées et si elles sont déjà passées par là.

Une personne atteinte de DMLA peut même traverser une période de dépression au cours de laquelle il est important qu'elle reçoive de l'aide. Des groupes de soutien aux personnes atteintes de DMLA, des groupes de rencontres et des organismes offrent de l'aide psychologique (*voir Adresses utiles*). Le spécialiste de la vue se chargera même d'adresser la personne à un psychologue si elle en ressent le besoin. Toutefois, les services offerts dans les centres de réadaptation en déficience visuelle et le suivi en ophtalmologie suffisent souvent à éliminer les peurs et les craintes, et à dépasser l'étape du choc initial. Chose certaine, l'acceptation de la maladie aide la personne atteinte à s'adapter aux changements et lui permet de préserver son autonomie et sa confiance.

TÉMOIGNAGE

Prénom : Sylvie	**Âge :** 58 ans

Profession : enseignante

Sylvie était enseignante dans une école primaire lorsqu'elle a appris, à 58 ans, qu'elle était atteinte de DMLA humide. « Mon mari et mes enfants ont été très rassurants et m'ont beaucoup aidé à accepter le diagnostic. À la maison, j'avais mes points de repère et je savais que je pouvais compter sur eux pour m'aider quand j'en avais vraiment besoin, mais à l'école, il en allait tout autrement », confie-t-elle.

Sylvie n'avait pas encore l'âge de prendre sa retraite et elle espérait pouvoir enseigner encore quelques années, mais sa faible acuité visuelle rendait son travail plus difficile. « Les premiers mois qui ont suivi mon diagnostic, je n'ai rien voulu changer à mes habitudes et à ma façon d'enseigner. Je refusais de travailler avec des aides visuelles. Jusqu'au jour où j'ai compris que ces aides allaient me permettre de conserver mon emploi », confie-t-elle. Ses élèves ont donc été informés de sa maladie et une intervenante du Centre de réadaptation en déficience visuelle est même venue dans sa classe pour leur présenter la loupe et la télévisionneuse qu'elle aurait à utiliser quotidiennement.

Grâce à ces aides visuelles, Sylvie a pu continuer à enseigner jusqu'à sa retraite. « Alors que j'avais longtemps craint la réaction de mes élèves, j'ai été agréablement

surprise par leur comportement. À mon grand étonne-
ment, ils se sont montrés moins dissipés et plus attentifs
lorsque je leur lisais un texte en utilisant la télévisionneuse, explique-t-elle. Ils me rapportaient même ma
loupe lorsque, au cours de mes déplacements dans ma
salle de classe, je l'oubliais sur le bureau d'un élève. »

CHAPITRE 7
LES TRAITEMENTS À VENIR

À l'heure actuelle, les recherches sur la DMLA se poursuivent très activement et bénéficient d'importants budgets. Les avancées dans ce domaine sont rapides et laissent espérer que les futurs traitements seront encore plus efficaces pour limiter les complications et réparer les lésions, et qu'il sera même possible d'empêcher l'apparition de la maladie. Les progrès réalisés dans la recherche de nouveaux traitements sont tels qu'il est difficile de prédire aujourd'hui en quoi consistera le traitement de cette maladie d'ici 5 à 10 ans. Nous assistons actuellement à une explosion dans le domaine de la recherche, qui est source de beaucoup d'espoir. Même si les perspectives ne sont pas à court, mais à moyen terme, l'avenir s'annonce prometteur.

LES FUTURES MOLÉCULES

Dans les années à venir, de nouveaux médicaments actuellement à l'étude vont peut-être permettre d'offrir un traitement aux personnes atteintes de DMLA sèche. Actuellement, nous ne savons que peu de choses sur ces nouveaux traitements qui sont en développement dans diverses compagnies pharmaceutiques. La recherche avance cependant puisque plusieurs essais ont déjà été effectués sur des humains. Par exemple, des anti-inflammatoires sont actuellement en développement afin de contrer le rôle important de l'inflammation dans la progression et même probablement dans l'apparition de la DMLA sèche.

Ces nouvelles molécules seraient probablement administrées sous forme de gouttes.

LES FUTURS TRAITEMENTS ANTIANGIOGÉNIQUES

Les recherches en cours visent surtout à améliorer les traitements existants pour la DMLA humide. Les médecins disposent actuellement de médicaments injectables dans l'humeur vitrée de l'œil. Ces traitements antiangiogéniques (ou anti-VEGF) permettent d'obtenir une stabilisation, voire une régression des lésions. Il faut cependant répéter les injections toutes les quatre à six semaines. Les chercheurs s'intéressent donc de très près à des techniques d'administration à libération prolongée du médicament, qui permettraient à l'antiangiogénique d'agir en continu. On envisage notamment d'administrer le traitement antiangiogénique en implantant dans le vitré des capsules biodégradables contenant le médicament à libération prolongée.

De nombreuses molécules anti-VEGF sont actuellement en développement, telles que le VEGF-Trap, qui a pour but d'empêcher le VEGF de se fixer sur ses récepteurs, et le SiRNA, qui vise à diminuer la production de VEGF. Avec ces nouveaux traitements, on cherche à mettre au point de nouvelles méthodes plus efficaces pour empêcher le développement des néovaisseaux ou pour atteindre directement la molécule responsable de l'apparition des néovaisseaux, c'est-à-dire le VEGF.

LA THÉRAPIE GÉNIQUE

Plusieurs gènes liés à la DMLA ont récemment été découverts. On sait donc que la DMLA n'est pas associée à un gène unique, mais à une constellation génétique, ce qui complique la recherche.

Ces découvertes de la génétique relative à la DMLA ont toutefois ouvert de nouvelles perspectives dans le domaine de la compréhension de la maladie et permis d'entrevoir de nouvelles pistes de prévention et de traitement, comme la thérapie génique.

La thérapie génique consiste à modifier le bagage génétique des cellules impliquées dans la DMLA afin d'empêcher l'apparition de la maladie. La méthode envisagée consiste à modifier la structure du gène défectueux dans la cellule afin qu'il combatte la maladie. L'introduction du code génétique adéquat se ferait à l'aide d'un vecteur viral. Le virus utilisé aura la capacité de pénétrer dans la cellule afin de placer son ADN dans le noyau et les chromosomes de son hôte. Les cellules du patient pourront alors produire les protéines combattant ou corrigeant la DMLA.

Le principal défi de cette approche thérapeutique est d'empêcher l'évolution de la maladie en ciblant les molécules impliquées.

La thérapie génique constitue un traitement d'avenir pour la prévention de la DMLA, mais des études supplémentaires sont nécessaires afin d'en arriver à des applications cliniques. Bien qu'elles ne soient encore qu'au stade expérimental, il n'est pas impossible que des thérapies géniques puissent être proposées dans les prochaines années à des personnes atteintes de DMLA. À plus long terme, lorsqu'on aura mieux compris quels sont les gènes qui prédisposent à la DMLA, la thérapie génique pourra probablement être envisagée pour empêcher l'apparition de la maladie.

LA GREFFE DE CELLULES SOUCHES

La greffe de rétine n'est pas envisageable pour l'instant pour les personnes atteintes de DMLA. Cependant, des chercheurs espèrent parvenir un jour à réparer les dommages causés à la rétine par la DMLA en produisant des cellules rétiniennes qui seraient ensuite transplantées dans l'œil. Ces cellules seraient susceptibles de se multiplier pour remplacer celles qui disparaissent. Certains scientifiques pensent donc que la transplantation de cellules souches permettra de restaurer la vision des personnes atteintes de DMLA. De plus, la transplantation de cellules souches génétiquement modifiées afin de produire des gènes protecteurs contre la progression de la DMLA est également envisagée.

Ces procédés impliquent cependant des recherches à très long terme et il ne faut pas s'attendre à ce que l'on puisse transplanter ces cellules souches dans un proche avenir, car des problèmes techniques se posent encore. Néanmoins, même si ces techniques ne sont pas envisageables à court terme, les plus grands espoirs sont permis.

ADRESSES UTILES

QUÉBEC

Association québécoise de la dégénérescence maculaire
C.P. 47595, COP Plateau Mont-Royal
Montréal (QC) H2H 1S8
450-651-5747 ou 1-866-867-9389
www.degenerescencemaculaire.ca

Cette association dirige les personnes atteintes de DMLA vers les ressources médicales, technologiques et socioculturelles existantes, et les informe sur la prévention possible, les traitements et les recherches menées à travers le monde.

Association des médecins ophtalmologistes du Québec
2, Complexe Desjardins
C.P. 216, succursale Desjardins
Montréal (QC) H5B 1G8
514-350-5124
www.amoq.org

Association regroupant les médecins ophtalmologistes du Québec. Le site Web offre de l'information sur la DMLA.

Association des optométristes du Québec
1265, rue Berri, bureau 740
Montréal (QC) H2L 4X4
514-288-6272
www.aoqnet.qc.ca

Association regroupant les optométristes du Québec.
Le site Web offre de l'information au public.

Audiothèque
4765, 1re Avenue, bureau 210
Québec (QC) G1H 2T3
1-877-393-0103
www.audiotheque.net/

Centre d'information pour les personnes qui n'ont pas accès à l'information écrite. Les usagers peuvent accéder – par téléphone – à la lecture des journaux, des revues, des circulaires ou de toute autre information écrite.

Centre de réadaptation, d'orientation et d'intégration au travail
750, boulevard Marcel-Laurin, bureau 450
Saint-Laurent (QC) H4M 2M4
514-744-2944
www.aimcroitqc.org/aproposdenous.htm

Aide les personnes atteintes d'une déficience visuelle à se trouver un emploi adapté et les employeurs à adapter le travail.

Comité d'adaptation de la main-d'œuvre pour personnes handicapées (CAMO)

55, avenue du Mont-Royal Ouest
Bureau 300, 3e étage
Montréal (QC) H2T 2S6
514-522-3310 ou 1-888-522-3310
www.camo.qc.ca/

Comité national dont la mission est de favoriser l'accès à la formation et à l'emploi des personnes handicapées.

Institut Nazareth et Louis-Braille

1111, rue Saint-Charles Ouest
Longueuil (QC) J4K 5G4
450-463-1710 ou 1 800-361-7063
www.inlb.qc.ca

Centre de réadaptation spécialisé en déficience visuelle. Dispense des services aux personnes vivant avec une perte visuelle partielle ou totale.

L'Institut de réadaptation en déficience physique de Québec (IRDPQ)

525, boulevard Wilfrid-Hamel
Québec (QC) G1M 2S8
418-529-9141
www.irdpq.qc.ca/

Offre un programme de réadaptation pour les personnes atteintes d'une déficience visuelle et l'accès à différentes aides optiques afin de compenser leur déficit visuel.

La Magnétothèque
1055, boulevard René-Lévesque Est, bureau 501
Montréal (QC) H2L 4S5
1-800-361-0635
www.lamagnetotheque.qc.ca/

Production de près de 10 000 livres sonores adaptés : romans, philosophie, psychologie, biographies, etc. Des bénévoles font également la lecture intégrale des éditoriaux et des articles de journaux québécois.

Service québécois du livre adapté (SQLA)
475, boulevard De Maisonneuve Est
Montréal (QC) H2L 5C4
514-873-4454 ou 1-866-410-0844
www.banq.qc.ca/portal/dt/sqla/sqla.htm

Collection de livres en français adaptés en braille et sonores, disponible à la Grande Bibliothèque.

CANADA

AMD Alliance International (en anglais)
1929 Bayview Avenue
Toronto (ON) M4G 3E8
416-486-2500 ou 1-877-AMD-7171
www.amdalliance.org

Organisme offrant de l'information et de l'aide aux personnes atteintes de DMLA et à leur famille.

Association canadienne des optométristes (ACO)
234 Argyle Avenue
Ottawa (ON) K2P 1B9
1-888-263-4676
www.opto.ca

Association professionnelle des optométristes du Canada. C'est aussi la fédération nationale de 10 associations provinciales d'optométristes.

INCA
(CNIB en anglais)
1929 Bayview Avenue
Toronto (ON) M4G 3E8
1-800-563-2642
www.inca.ca

Organisme caritatif communautaire national qui se consacre à la recherche, à l'éducation du public et à la santé visuelle de tous les Canadiens.

Société canadienne d'ophtalmologie
610-1525, avenue Carling
Ottawa (ON) K1Z 8R9
1-613-729-6779
www.eyesite.ca

Réunit les médecins et les chirurgiens spécialisés dans les soins oculaires.

FRANCE

Association DMLA
c/o FIMA
18, rue Gounod
92210 Saint-Cloud
www.association-dmla.com

Informe et soutient les patients atteints de DMLA.

Retina France
BP 62 - 2, chemin du Cabirol
31771 Colomiers Cedex
011 33 5 34 55 27 30
www.retina.fr

Association qui aide et informe les personnes atteintes de dégénérescence rétinienne.

Société française d'ophtalmologie
17, Villa d'Alésia
75014 Paris
011 33 1 44 12 23 00
www.sfo.asso.fr

Société réunissant des ophtalmologistes de France, de Suisse, de Belgique et d'Espagne.

ÉTATS-UNIS

American Macular Degeneration Foundation (en anglais)
P.O. Box 515
Northampton, MA 01061-0515
1-413-268-7660
www.macular.org

Association for Macular Diseases (en anglais)
210 East 64th Street, 8th Floor
New York, NY 10065
1-212-605-3719
www.macula.org

The Macular Degeneration Foundation (en anglais)
P.O. Box 531313
Henderson, Nevada 89053
1-702-450-2908
www.eyesight.org

Macular Degeneration International (en anglais)
1-800-683-5555
www.maculardegeneration.org

**The Macular Degeneration Partnership
(en anglais)**
6222 Wilshire Blvd., Suite 260
Los Angeles, CA 90048
1-310-623-4466
www.amd.org

**Macular Degeneration Support
(en anglais)**
3600 Blue Ridge Blvd.
Grandview, MO 64030
1-816-761-7080
www.mdsupport.org

SITES INTERNET

**Audible.fr (en français)
Audible.com (en anglais)**
Sites de téléchargement de livres audio pour MP3,
téléphones et GPS

GLOSSAIRE

Acuité visuelle : capacité qu'ont les yeux à voir avec plus ou moins de précision. Le spécialiste de la vue l'évalue à l'aide de l'échelle de Snellen.

ADN : l'acide désoxyribonucléique, ou ADN, est une molécule retrouvée dans toutes les cellules vivantes qui renferme l'ensemble des informations nécessaires au développement et au fonctionnement d'un organisme. C'est aussi le support de l'hérédité, car il est transmis lors de la reproduction, intégralement ou non. Il porte donc l'information génétique et constitue le génome des êtres vivants.

Aide optique : ensemble des systèmes optiques (loupe, télévisionneuse, etc.) visant à agrandir l'image rétinienne au moyen de lentilles adaptées.

Angiographie à la fluorescéine : examen consistant à photographier les structures internes de l'œil après injection d'un colorant (fluorescéine) par voie intraveineuse.

Angiographie au vert d'indocyanine : examen consistant à photographier les structures internes de l'œil après injection d'un colorant (vert d'indocyanine) par voie intraveineuse.

Antioxydants : composés qui aident à protéger les cellules du corps contre les déchets néfastes (radicaux libres) produits par l'organisme ou contre des éléments extérieurs (produits chimiques, poussières, etc.). Ces composés sont la vitamine C, la vitamine E, le sélénium et les caroténoïdes (bêtacarotène, lycopène et lutéine).

Anti-VEGF: médicament servant à stopper le développement de néovaisseaux et à réduire leur perméabilité.

Atrophie rétinienne: disparition des cellules visuelles et de l'épithélium pigmentaire.

Autofluorescence: propriétés de certaines substances, comme la lipofuscine, d'émettre de la fluorescence en réponse à une lumière excitatrice.

Bâtonnets: cellules responsables de la détection des mouvements dans notre champ de vision et de la vision de nuit.

Cataracte: transformation du cristallin, qui perd graduellement sa transparence naturelle. Ce phénomène, appelé «opacification», peut être dû à l'âge ou provoqué par une maladie.

«Cécité légale» (cécité au sens de la loi): le seuil légal de la cécité est déterminé par une acuité visuelle de 20/200.

Cône: cellule visuelle permettant de voir les détails fins et les couleurs.

Conjonctive: muqueuse qui tapisse l'intérieur des paupières et tout l'extérieur des globes oculaires, sauf la cornée.

Drusen: taches blanches visibles à l'examen du fond de l'œil, correspondant à des déchets que la rétine ne parvient pas à éliminer.

Échelle de Snellen: échelle normative de mesure de l'acuité visuelle sous forme d'un tableau de lettres dont la taille diminue progressivement. Une vision normale – de 20/20 (6/6 en mètres) – signifie qu'une personne dont l'acuité visuelle est normale est apte à distinguer toutes les lettres sur le tableau depuis une distance de 20 pieds (ou 6 mètres).

Échographie: méthode d'exploration de l'œil par réflexion d'ultrasons.

Fond d'œil: examen permettant d'inspecter le fond de l'œil, à savoir la rétine et ses vaisseaux.

Fovéa: zone centrale de la macula; c'est la zone de la rétine où la vision des détails est la plus précise.

Grille d'Amsler: grille formée de lignes horizontales et de lignes verticales, habituellement blanches sur un fond noir, utilisée pour déceler une déformation des images captées par le champ visuel central (métamorphopsie).

Injection intravitréenne: piqûre effectuée directement dans l'œil, à travers le blanc de l'œil, dans la cavité oculaire située derrière le cristallin.

Laser: dispositif qui amplifie la lumière et la rassemble en un étroit faisceau dit «cohérent». Différentes sortes de lasers sont utilisées en ophtalmologie.

Lipofuscine: pigment cellulaire composé de débris de molécules naturellement présent dans le fond de l'œil.

Macula: partie centrale de la rétine.

Métamorphopsie: déformation des lignes droites.

Néovaisseau: vaisseau nouvellement formé.

Néovaisseau classique: néovaisseau dont les limites sont bien visibles à l'angiographie à la fluorescéine.

Néovaisseau occulte: néovaisseau dont les limites ne sont pas bien définies à l'angiographie à la fluorescéine.

Oligoéléments: les oligoéléments sont l'iode, le cuivre, le fluor, le chlore, le zinc, le cobalt, le sélénium et le manganèse.

Oméga-3: acides gras polyinsaturés que l'on trouve en grandes quantités dans certains poissons gras, les noix et le colza.

Ophtalmologiste: médecin spécialisé dans les maladies de l'œil et de ses annexes.

Opticien: professionnel qui vend des instruments d'optique, des lunettes.

Optométriste: professionnel non médecin formé pour évaluer et traiter les problèmes visuels par lunettes ou lentilles de contact et par orthoptique (rééducation de l'œil), ainsi que certains problèmes de santé oculaire.

Réadaptation visuelle : ensemble de techniques mises en œuvre pour permettre au patient d'utiliser au mieux sa vision résiduelle.

Thérapie génique : méthode consistant à introduire du matériel génétique (gène) dans les cellules d'un organisme pour y corriger l'anomalie à l'origine de la maladie.

Thérapie photodynamique (TPD) : technique consistant à effectuer un traitement par laser de faible intensité après injection par voie intraveineuse d'un produit sensibilisant susceptible d'interagir avec le rayonnement.

Tomographie en cohérence optique (OCT) : scanneur qui montre la rétine en coupe, des couches superficielles aux couches profondes.

Vision centrale : partie centrale du champ visuel responsable de la vision à haute résolution.

Vision périphérique : partie externe du champ de vision sous la gouverne des bâtonnets.